職員室がつらくなったら読む本。

瀧澤 真
Takizawa Makoto

学陽書房

まえがき

　職場の人間関係は、人生における大きな悩みの一つです。

　かなりの方が、多かれ少なかれ、職場での人間関係に悩んだこ
とがあるのではないでしょうか。

　実際、厚生労働省の調査を見ても、職業生活のストレスの約
40％が職場の人間関係によるもので、一番の要因となっていま
す。人間関係が原因で退職する人も決して少なくありません。

　私も、これまで気が合わない人がいたり、管理職から無理な要
求をされたりして悩んだことがありました。20代の頃は同僚の
心ない言葉に傷つきもしました。

　そんな時に私を救ってくれたのは、何と言っても子供たちの笑
顔です。

　腹立たしい時も、悲しい時も、子供の笑顔を見ると力が湧いて
きて、「よし、頑張ろう！」と思えたのです。

　ですから、人間関係の悩みやストレスを解消するためにも、日
頃から良い授業や充実した学級経営を行っていく必要があります。

　とはいえ、それは職員室での人間関係の抜本的な解決につなが
るものではありません。人間関係の悩みそのものを、解決するよ
うな手立ても必要となってきます。

　しかし、残念ながら、学校や教育委員会主催の研修のプログラ

ムは、英語や道徳など、新しい教科をどのように教えていくとよいのか、学級経営のコツは何かといった対子供に関するものばかりです。職場の人間関係をどう築いていくかという研修プログラムなど、見たことがありません。

　多くの教師の方々が、職場の人間関係についての問題を解決する手立てを知らない状況なのではないか、その手立てを知ることで、もっと快適に職業生活を送ることができるのではないか。そんな思いから本書をまとめることとしました。

　具体的には、同年代、先輩、後輩、管理職など、相手に応じて、どのような手立てをとっていくべきか、また、どのような考えをもっておくとよいのかを提案しています。

　まずChapter1 では、人間関係におけるベースとなる考え方を示しています。根本となる考えをしっかりともっていれば、応用が利きます。人間関係は複雑なので、ケースバイケースで対応する必要があります。ですから、すべてをマニュアル化することはできません。根幹となる考えをしっかりともち、応用力をつけていくことが大切です。

　Chapter2 では、最低限身につけておきたいマナーについて述べています。マナーを身につけていないことによって、人格まで疑われることもあります。逆に言えば、マナーを知ることで、自分の評価を上げることができるのです。

　Chapter3 ～ 6 では、同年代、先輩、後輩、管理職との付き合

い方について述べています。同じ人間関係でも、先輩と後輩とでは留意すべき点が違ってきます。そうした点を具体的に取り上げ、対処法を提案しています。

　Chapter7 は苦手な人とどう付き合うかです。人間関係の最大のストレスは、苦手な人がいることにより発生します。苦手な人と付き合うには、自分の考え方を変えるしかありません。では、どのように変えたらよいのか、複数の方法を紹介しています。ぜひ、自分に合うものを取り入れてください。

　最後の Chapter8 では、異動の時に気を付けたいことを述べています。異動時には、だれしも大きなストレスを感じます。そのストレスによって、新たな職場での人間関係を悪化させてしまうこともあります。うまくスタートをきり、過ごしやすい職場にしていきましょう。

　本書は一つ一つをじっくり読み込んでいくというよりは、気になる章、気になる項目を、必要に応じて読んでいただくことを想定して作成しています。「職員室がつらいな」と感じた時に、該当箇所をさっと開き、少しでも心を軽くする。そんなふうに本書をご活用くださったら、著者としてこれ以上の喜びはありません。

2018年

瀧澤　真

CONTENTS

■ まえがき ……………………………………………………… 3

CHAPTER 1 職員室の人間関係でストレスをためないコツ

1 » 過去と他人は変えられない ……………………………… 12
2 » くれない病から脱却する ………………………………… 14
3 » 白黒はっきりさせない …………………………………… 16
4 » ストレス解消法を複数もつ ……………………………… 18
5 » 考えすぎずに行動する …………………………………… 20
6 » 視野を広げる ……………………………………………… 22
Column 1　仕事術を身につける …………………………… 24

CHAPTER 2　職員室で信頼を得る！基本的なマナー

1 » 話の聞き方に気を付ける ———————————— 26

2 » 挨拶を極める ———————————————————— 28

3 » 電話対応をマスターする ———————————— 30

4 » TPOに合わせた服装をする ———————————— 32

5 » 書類の渡し方を考える ———————————————— 34

6 » 宴会でのマナーを身につける ———————————— 36

Column 2　ちょっとした心遣いで信頼を得る —————— 38

CHAPTER 3　味方が増える！同年代との関係術

1 » 同年代に敬意を払う ———————————————— 40

2 » 職種の違う職員に気を配る ———————————— 42

3 » 悪口を言わない、同調しない ———————————— 44

4 » プライベートな話題を出す ———————————— 46

5 » 助け合いを率先する ———————————————— 48

6 » 支援学級との連携を密にする ———————————— 50

Column 3　飲みニケーションも大事 ————————————— 52

CHAPTER 4 仕事力をアップさせる！先輩との関係術

1 » 素直な後輩になる ……………………………… 54

2 » 感謝は2回伝えよう ………………………… 56

3 » 先輩のやっていることに関心をもつ ……… 58

4 » わからないことを積極的に尋ねる ………… 60

5 » リスペクトする気持ちを伝える …………… 62

6 » 教えられたらすぐに実践する ……………… 64

Column 4 困った先輩とどう付き合うか …………… 66

CHAPTER 5 やる気があふれ出す！後輩との関係術

1 » 先輩面をしない ……………………………… 68

2 » 伝達ではなく感化を目指す ………………… 70

3 » 指導ではなくコーチングをする …………… 72

4 » 弱い部分を見せる …………………………… 74

5 » 自分から足を運ぶ …………………………… 76

6 » 後輩にこそ教えを請う ……………………… 78

Column 5 お金ではなく仕事で還元する ………… 80

CHAPTER 6 眠った力が引き出される！ 管理職との関係術

1 » 素早く相談する ································· 82

2 » メモを使って結論から報告・相談する ········· 84

3 » 自己アピールを忘れない ····················· 86

4 » 個人的な相談もしておく ····················· 88

5 » 管理職のプラスの面を見ていく ··············· 90

6 » 管理職の話を深刻に受け止めすぎない ········· 92

Column 6 頼まれた仕事は最速で行う ············· 94

CHAPTER 7 苦手な人とも向き合える！ コミュニケーションのスキルアップ術

1 » 合わない人がいて当たり前と心得る ··········· 96

2 » 1mmでも上のレベルに立つ ··················· 98

3 » 自分から声をかける ························· 100

4 » ゼロベースで相手を見る ····················· 102

5 » 修業だと割り切る ··························· 104

6 » 最終手段は絶縁すること ····················· 106

Column 7 いつまでも苦手とは限らない ········· 108

CHAPTER 8 もう異動も怖くない！新しい職場での6つの心構え

1 » 前の職場のことを持ち出さない ……………………… 110

2 » キーパーソンを見つける ……………………………… 112

3 » 困ったら助けを求める ………………………………… 114

4 » 新しい自分を演出する ………………………………… 116

5 » その学校の良さを見つける …………………………… 118

6 » じんわりと新しい風を吹かせる ……………………… 120

Column 8 異動を楽しもう！ …………………………… 122

Q&A もっと読者の疑問に答えます！ ………………… 123

▌ あとがき ………………………………………………… 132

CHAPTER 1

職員室の人間関係でストレスをためないコツ

ここでは職員室の人間関係において、どうしたらストレスをためずに済むのか、そのコツについて述べています。人間関係における土台となる考え方ですので、しっかりと身につけましょう。

CHAPTER 1 | 1

過去と他人は変えられない

自分の見方を変える

「過去と他人は変えられないが、未来と自分は変えられる」

エリック・バーンの有名な言葉ですが、ここに人間関係づくりの極意が見事に述べられています。この言葉を覚えておくだけで、感情的になってしまうような場面でも、冷静に対処できることが増えます。

≫ 他人は変えられない

過去を変えることは不可能です。では、他人を変えることはできるでしょうか。我々教師は日々、子供を変えようと努力しています。

しかし、自らの実践を振り返ればわかるように、子供を変えるのはそんなに簡単ではありません。ましてや、大人を変えることはなおさら難しいのです。

それなのに、「あの人のこういうところを直してほしい」などと不平、不満を抱いていませんか。こうした不満を抱くこと自体、他人に変化を期待していることになるのです。そして、それがストレスの原因になります。大人は変えられないのだ。そう思えば気が楽になります。

≫ 自分は変えられる

他人を変えることは難しいですが、それに比べれば自分の考え方、ものの見方を変えることは簡単です。例えば、嫌みな同僚がいて、その言動に腹を立てていたとします。そのような時は顔を見るだけでイライラしてしまいがちです。そこで、その同僚のことを気にするのを

012

やめてみましょう。そして、「ああ、また嫌みを言っているな。今日は何回嫌みを言うのか数えてみよう」などと楽しんでしまうのです。すると、嫌みな言動をむしろ心待ちにしてしまうかもしれません。まあこれは非常に極端な話ですが、「腹を立てる」のか「楽しむ」のかを決めるのは自分自身だということです。

ここがポイント！
「腹立たしい」を「楽しい」に

advice!

「そう簡単に自分を変えることはできない」と言う人がいるかもしれません。確かに根本を変えるのは容易ではありません。ですが、今この時だけ変えることはできるはずです。その積み重ねで、次第に変わっていけばよいのです。

CHAPTER 1 職員室の人間関係でストレスをためないコツ

CHAPTER 1 | 2

くれない病から脱却する

口癖になっていませんか

「あの人は何もやってくれない」「学年主任は私のことをわかってくれない」など、「〜してくれない」という言葉が口癖になっていませんか。そんな考え方がストレスをためる原因となっています。

》「〜してくれない」は原因を外に求める考え方

「〜してくれない」という口癖のある人は、物事の原因を外に求めています。「話を聞いてくれない」「協力してくれない」など、いつも他人が悪いという発想なのです。また逆に言えば、自分のことを棚に上げているということでもあります。他人があれこれ自分のために働くのは当たり前だという感覚があるのではないでしょうか。だから、「してくれない」という言葉が出てしまうのです。

》「ありがたい」でハッピーに！

「〜してくれない」と何度思っても、状況は変わりません。イライラして、ストレスが増すだけです。前項では「他人は変えられないが、自分は変えられる」と述べました。その考えを生かし、原因は他人ではなく自分にあるのではないか、というように見方を変えてみましょう。

すると、「聞きたくなるような話をしていないのではないか」「協力してほしいとはっきり伝えなかったのがいけないのではないか」などと原因が見つかります。そこで、その原因から導き出した解決策を試してみましょう。かすかにでも変化が現れれば、しめたものです。そ

の変化を「ありがたい」と思いましょう。

「ありがたい」は「有り難い」と書きます。有ることが難しい、つまり滅多にないこと、当たり前ではないという意味です。

少しでも変化したら「ありがたい」と思い、言葉でも相手に伝えるのです。そうすれば、あなたも相手もハッピーになれるはずです。

ここがポイント！
「くれない」から「ありがたい」へ

advice!

自尊感情が低い人は、何でも自分が悪いと自分を責めすぎてしまうので要注意です。あくまでも、「原因を相手に求めても変わらないならば、自分にできることをやろう」という発想をもつようにしましょう。

CHAPTER 1 | 3

白黒はっきりさせない

未熟な人ほど白黒はっきりさせたがる

　子供は何でも白黒つけたがります。「○か×か？」など、単純に判断できることを好みます。マンガの話も、正義と悪がはっきりしているものがほとんどです。ところが、大人になってもこの傾向がある人がいます。そういう人ほど、人間関係でストレスを溜めがちです。

》「曖昧さ耐性」を身につける

　「曖昧さ耐性」とは、どのくらい曖昧な状況に耐えられるかということです。子供はこの曖昧さ耐性が低いために、白黒はっきりつけないと気が済みません。低学年ほど明確な指示がないと動けないのは、そのためです。大人になると、世の中はそう単純ではないとわかってくるので、耐性が高くなってきます。

　しかし、この耐性が十分に身についていないと、「～でなければならない」「～すべき」という「すべき思考」に陥りがちです。そのような考え方では他人への要求が高くなり、人間関係に摩擦を生じることになります。また、自分自身に対しての要求も高く、自分で自分を追い詰めることにもなります。

》「まあ、いいか」と肩の力を抜く

　何か手伝った時に、「ありがとうございます」と言わない同僚がいたとします。そういう時に、あなたが「すべき思考」であれば、「私がせっかく手伝ってあげたのに、お礼も言わないなんて失礼だ」と腹を立て

ることでしょう。「お礼を言うべき」だと考えているからです。

　そのような思考を変えるには、「まあ、いいか。お礼を言ってもらいたいから手伝ったわけじゃないし」などと心の中でつぶやいてみるとよいでしょう。ずいぶんと心が楽になるはずです。「いい加減」＝「良い加減」です。引くこともできるのが大人の余裕なのです。

ここがポイント！

「すべき」から「まあ、いいか」へ

advice!　「曖昧さ耐性」が低い人ほど、子供を叱る傾向にあります。やたらと子供を叱ってばかりの人は、自分に幼稚な面があるのではないかと自省してみるとよいでしょう。職員室も教室も、人間関係の基本は同じなのです。

CHAPTER 1 | 4

ストレス解消法を複数もつ

意図的にストレス解消していますか

人が何かをやりとげるには、適度な負荷が必要です。何のプレッシャーもない状態では、だらだらと仕事を進めるだけになりがちです。とはいえ、過度のプレッシャーによるストレスは心や体に変調をもたらします。ストレスが限界を超える前に解消しておきましょう。

》毎日のストレス解消法

ストレス解消法は、いくつももっておくことが理想的です。時間がない時、時間のある時、自宅でできること、外で行うことなど、いくつものバリエーションがあれば、時と場に応じて無理なく取り組めるからです。

まずは、毎日取り組めるストレス解消法を身につけましょう。ストレスは知らないうちに積もり積もるもの。毎日少しずつでも解消し、リセットしておきましょう。好きな音楽を聴く、お風呂に入る、アロマテラピーを楽しむなど、手軽にできるものがよいでしょう。スポーツ選手のルーティーンのように、自然とできるようになるのが理想です。

》週末のストレス解消法

週末には1週間分のストレスを解消するような、少し時間のかかることに取り組みましょう。軽い運動をする、映画館で映画を観る、ショッピングをするなど、家から外に出て行うことのほうが刺激があってよいでしょう。疲れているからと引きこもっていては、余計に

ストレスがたまってしまいます。とはいえ、断然インドア派であるという人もいるでしょう。料理を作ったり、録り溜めたドラマを見たりなどというストレス解消法もあります。自分にそれが合っているとわかっているならば、それはそれで構いません。

　いずれにせよ、「この方法で解消しなければ」と思うと、それがかえってストレスとなります。気軽にいろいろと試してみましょう。

ここがポイント！
ストレス解消法をいろいろ試す

advice! 夏休みや冬休みには、大がかりなストレス解消法に挑戦しましょう。海外旅行に行ったり、スキューバダイビングに挑戦したりするなど、日常から離れてみることもおすすめです。

CHAPTER 1 | 5

考えすぎずに行動する

案ずるより産むが易し

いくら考えても、相手の心はなかなかわからないものです。それなのに、いつまでも考え込んでいるのは、時間を無駄にしているだけです。ぐずぐず考えずに、行動に移しましょう。

》考えても結論は出ない

職場の人間関係で悩む人を見ていると、どうもあれこれ考えすぎてストレスをため込んでいるように見えます。

ある時、「学年主任から嫌われているようなのですが、どうしたらよいでしょうか？」と若い教師から相談を受けたことがあります。面倒見のよい学年主任だったので、半信半疑で「主任にそう言われたの？」と聞くと、「そう感じるのです」との返事。そこで、「本人に直接確かめてみたら？」とアドバイスすると、「そんなことはできません」と泣きそうな顔をしています。

すべてその人の想像なのですが、その想像がどんどん膨らんでいる状態です。これでは、職場で過ごすのはつらいだろうなと思いました。

》思いきって行動する

ぐずぐずと悩むよりも、何か具体的な行動をとったほうが、案外早く悩みは解決するものです。例えば、私自身の経験ですが、ある時かなり大きな失敗をしてしまいました。翌日、それを管理職に報告するのが嫌で、休んでしまおうかと思ったものです。きっと強い叱責を受

020

けるだろうなと思うと、どんどん気が重くなっていきました。しかし翌日、管理職に報告すると、「まあ、そういうこともあるでしょう。次からは気を付けるように」と穏やかに言われただけでした。先の例の教師の場合も、「明るく、自分からどんどん挨拶してみたら？」という私の助言通りにしたら、主任の言動も穏やかになったそうです。あれこれ考えるよりも、行動したほうがうまくいくことが多いのです。

ここがポイント！

心配するよりもまず行動

advice! 失敗を恐れるあまり、何も行動できなくなってしまう。それが一番良くないことです。失敗したら、その時に考える。そういう開き直りも必要です。

CHAPTER 1　職員室の人間関係でストレスをためないコツ　021

CHAPTER 1 | 6

視野を広げる

広い視野で考えよう

　広い視野で物事を考えてみると、自分の悩みなどは大したことがないと思えるものです。毎日の仕事に追われ、狭い世界に埋没していませんか。

》視野を縦に広げよう

　子供は視野が狭く、すぐ目の前の物を見つけられない時があります。人間関係でも同じで、視野が狭いために、ちょっとしたことで喧嘩になったり悩んだりします。

　我々大人はどうでしょうか。本来ならば、広い視野をもっているはずです。しかし実際には、狭い視野で物事を見ていないでしょうか。

　視野を広げるためには、まずは視野を縦方向で広げていくことを意識するとよいでしょう。縦方向というのは歴史のことです。例えば、歴史上の人物の様々な決断を学び、人間関係に生かすことなどです。

　歴史と言うと、話のスケールが大きいですが、年配の教師の人付き合いの方法やものの見方を学ぶのも縦方向に視野を広げることです。

　先の例のように、子供を反面教師として学ぶこともできます。様々な時間軸で人間関係やものの見方について学んでいきましょう。自分にはない発想が見つかるかもしれません。

》視野を横に広げよう

　次に、視野を横に広げていきましょう。そのために必要なのが、職場

外での人間関係を広げていくことです。まずは、どんどんいろいろな場に出かけていきましょう。

　例えば、県外で行われる研修会に参加すると、他県の教師の様子がわかります。同じ教師でも考え方がずいぶん違うことに驚くことでしょう。他業種の人との付き合いも大切にしましょう。教師とは違ったものの見方をする人も多くいます。学生時代の友人やPTAなど幅広い層の人々と積極的に関わっていきましょう。

ここがポイント！
縦や横に視野を広げる

advice! 本を読むのも視野を広げる有効な方法です。教育書ももちろんよいですが、文学や歴史、自然科学など幅広いジャンルの本も積極的に読んでいきましょう。

Column **1**

仕事術を身につける

　仕事に追われているとイライラし、それによって人間関係が悪化することがあります。ですから、仕事術を身につけて、ゆとりをもって生活することは、人間関係によるストレスの予防には有効な手立てだと言えます。

　仕事術で一番大切なのは、「いつまでに終えるか」という締め切りを設定することです。

　「仕事の量は、完成のためにあたえられた時間をすべて満たすまで膨張する」

　これはパーキンソンの法則というものですが、締め切りを設定しないと仕事はどんどん膨張するのです。例えば、本来ならば1時間で終わる仕事に、だらだらと2時間もかけてしまうようなことが起きます。

　締め切りを有効に使うには、その仕事にどの程度時間がかかるのかを知ることも不可欠です。30分で終わる仕事の締め切りを1時間後に設定しているようでは、意味がないのです。

　そこで、どんどん仕事にかかる時間を計っていきましょう。そして、実際にかかっている時間の8割程度の時間で終えることを目標に締め切りを設定します。こういう仕組みをつくっていくことで、仕事が速くなります。

　なお、このような仕事術については拙著、『まわりの先生から「すごい！　残業しないのに、仕事できるね」と言われる本。』（学陽書房、2017年）も参照してください。

CHAPTER 2
職員室で信頼を得る！基本的なマナー

ここでは社会人として最低限必要なマナーについて述べています。教師は子供相手の仕事であるために、社会的常識に欠けると言われがちです。世の中の常識をきっちり身につけておきましょう。

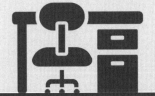

CHAPTER 2 | 1

話の聞き方に気を付ける

📖 ちょっとした心遣いを

　教師は子供相手の職業なので、社会人としてのマナーを知らないと批判されることがあります。残念ながら、そういう面は確かにあるというのが実感です。基本のマナーをしっかり身につけましょう。まずは、話の聞き方についてです。

》上司を立たせていませんか

　ある時、職員室で、校長先生が若手教師に話しかけていました。どうやら学級の様子などを聞いているようです。詳しい内容は私には聞き取れませんでしたが、その姿には違和感を覚えました。

　その若手教師は、椅子に座ったまま校長先生の話を聞いているのです。これはどう考えても失礼です。逆ならばわかりますが、まるで校長先生が叱られているように見えました（もちろんその若手には、あとで優しく教えておきました）。

　一方で、ある中堅の教師は、私が話しかけるとすぐに立ち上がり、気を付けをして話を聞きます。ちょっとやりすぎではないかとは思いますが、こちらとしても悪い気はしません。こういう教師ならば、保護者との面談などもしっかりできるだろうと思います。

》「ながら聞き」をしていませんか

　もう一つ気になるのが、何かをしながら話を聞いている人がいることです。例えば、学年主任が説明をしているのに、関係ない書類を眺め

ながら話を聞いているのです。忙しいのはわかりますが、話しかけられたら手を止めて、相手の顔を見ながら話を聞くのがマナーです。大人相手にさえできていないのですから、この教師は子供が何か相談してきても片手間に話を聞いているのではないかと危惧してしまいます。

　何かをしながら話を聞く「ながら聞き」は、大変失礼なことと自覚しましょう。

ここがポイント！

「座って聞く」「ながら聞き」は厳禁

advice! 職員室に子供が何らかの報告に来た時に、「ながら聞き」をしている教師が多いのが気になります。子供に対しても、マナーを守る教師でありたいものです。

CHAPTER 2 | 2

挨拶を極める

 たかが挨拶、されど挨拶

　子供に挨拶しろと言うわりには、教師のほうが挨拶できていない。このような手厳しいお言葉を、様々な会合の場でいただきます。教師は挨拶について、もっと考えるべきでしょう。

≫ 相手を見て挨拶していますか

　挨拶は、ただ「おはようございます」と言えばよいというものではありません。「早くから、お疲れ様です」と相手をねぎらう言葉なのですから、相手に通じてこその挨拶です。

　ですから、職員全体に向かって「おはようございます」と言うのも大切ですが、「○○先生、おはようございます」と、先に来ていた職員に「先生、早くから頑張っていますね」という気持ちを込めて挨拶しましょう。それだけであなたの挨拶はぐっとよくなるはずです。

　また、あとから来た職員には、ほかのことをしながらの「ながら挨拶」はやめ、しっかり顔を見て挨拶するようにしましょう。それによって失う時間は数秒ですが、得る信頼は大きいはずです。

≫ 帰る前にひと言付け足して

　私が若い時には、学年主任が帰らないと帰りづらい雰囲気がありました。今はそういう時代ではないと思いますが、だからといって、もし主任が学年の仕事で忙しく残業しているのに、「お先に失礼します」と帰ってしまったら、良い印象はもたれないでしょう。その結果、職

場の居心地が悪くなる可能性もあります。ひと言、「学年の仕事をしてくださっているのに申し訳ありません。病院で薬をもらうので失礼します」と言えばよいのです。実際には、病院に行く用事がなくても構いません。こういうひと言が出るか出ないかで、人間関係が円滑になるかが決まります。もちろん、毎日病院にばかり行っていたら逆に評判は悪くなるので、要注意です。

ここがポイント！
気持ちを込めて挨拶する

advice!
子供に対しても「ながら挨拶」をしていませんか。教室で子供を出迎え、名前を呼びながら、元気に「おはよう！」と挨拶してみましょう。子供との関係がより親密になります。

CHAPTER 2　職員室で信頼を得る！　基本的なマナー　029

CHAPTER 2 | 3

電話対応をマスターする

電話の受け方、かけ方

　教師は、会社員に比べて電話に出る機会が少ないこともあってか、電話での対応が悪いと指摘されがちです。

≫ 電話対応の基本

電話の最低限のマナーを確認しておきましょう。

- メモとペンを身近なところに用意しておく
- ３コール以内に出る
- 電話が鳴ったら、人任せにせずに積極的に出る
- 電話をかける場合も、受ける場合も、「〇〇学校の□□です」と名乗る
- ゆっくり、はっきり、丁寧な言葉で話す
- 待たせない

電話の声は聞き取りにくいものです。ゆっくり、はっきり、丁寧な言葉で話しましょう。電話で学校の印象が変わります。また、一番やってはいけないことは、何分も平気で待たせることです。取り次ぎに30秒以上かかる場合は、一度電話を切って、かけ直すようにしましょう。

≫ 使えるフレーズを覚えておこう

　電話対応では、いざという時に役立つフレーズを覚えておくことも大切です。

- （３コール以上鳴ったら）「お待たせいたしました」

- 「お世話になっております。少々お待ちください」
- 「申し訳ございません。〇〇は出張のため不在です。戻るのは5時頃の予定です」
- 「よろしければ、伝言を承ります」
- 「失礼ですが、お名前を伺ってもよろしいでしょうか？」
- 「至急連絡をとりまして、折り返しお電話を差し上げるように申し伝えます」

ここがポイント！

電話の印象が学校の印象になる

> お待たせいたしました。〇〇学校の□□です
>
> お世話になっております。少々お待ちください

advice!　電話での相づちでとても気になるのが、「うん」です。非常にぞんざいな印象をあたえるので、「はい」と丁寧に答えましょう。

CHAPTER 2 | 4

TPOに合わせた服装をする

服装で変わる信頼度

　服装が人にあたえる印象について、教師はもっと考えたほうがよいのではないかと思います。例えば、行員がジャージにTシャツで勤務している銀行に、あなたは大金を預けられますか。

≫ どんな服装で授業を行っていますか

　教師の服装にはずいぶんと地域性があるようで、私の住む地域ではジャージで1日を過ごす教師が多いです。これは、子供と遊んだり、作業があったりと、ジャージのほうが何かと都合が良い場面が多いためだからだと思います。一方で、ジーパンとTシャツで授業をするのが一般的だという地域もあるそうです。私からすると、ジーパンは遊びに行く時の服装ですから、ジャージよりも違和感を覚えます。しかし、その地域の教師からすれば、ジャージは体育の時にだけ着る物だそうです。

　「郷に入っては郷に従え」と言うように、それぞれの地域の慣例がありますので、ここで何が正しいかを述べるつもりはありません。ですが、本当にその服装で良いのか、TPOに合っているのか、もっとじっくり考えてもよいと思うのです。

≫ 着替えることを厭わない

　『人は見た目が9割』（竹内一郎、新潮社、2005年）という本がベストセラーとなりましたが、子供のトラブルで家庭訪問をする時には、

やはりスーツを着ていくのが無難です。外部からお客さんが来る時も同様です。その際、スーツでもワイシャツの下にＴシャツが透けて見えていたり、派手な色の靴下をはいていたりすると、とても残念な印象を受けます。

そもそも着替えることを面倒だと思うから、このようなことが起きるのです。面倒ならば基本的にスーツ（もしくはそれに準ずるような服装）で過ごせば、着替える手間は省けます。服装ひとつで信頼が高まるのです。ほかの人が面倒がってやらないからこそより効果があることですし、こんなに簡単に印象を高める方法はほかにありません。

ぜひともTPOに合わせた服装を心がけましょう。

ここがポイント！
さっと着替えよう

 advice! 服装以外にも、髪型や持ち物などにも気を配りましょう。男性の長髪や、明るく染めた髪、また、女性の派手なメイクなども要注意です。

CHAPTER 2 | 5

書類の渡し方を考える

基本は手渡しで

　作成を依頼された文書が完成しました。さて、どうやって管理職や主任にその書類を渡しますか。こんなちょっとしたことでも、あなたの常識が問われます。

≫ 大切な書類は必ず手渡しする

　ある日のこと、私の机の上に指導案が置いてありました。どうやら、次週に迫った若年層研修で行う授業研究に関するもののようです。果たしてどんな意味があるのかと、私は考え込んでしまいました。「内容をチェックしてほしい」という依頼なのか、「こんな内容の授業をやります」という報告なのかがわからなかったからです。

　しばらくすると別の若手教師が、「今度の若年層研修での指導案です。お時間があれば、ご指導ください」と指導案を提出してきました。今回は相手が何を求めているかがわかりました。もちろん、私がどちらに信頼感を抱いたかは言うまでもありません。ほかにも似たような事例はたくさんあります。管理職がなかなかつかまらないということもあるかもしれませんが、ひと言添えて書類を出すだけで、ずいぶんと印象が変わるものです。直接話をするのは、コミュニケーションの基本でもあります。ほんの少しの手間も惜しんではいけません。

≫ メールの送り方にも要注意

　これもある日のことです。「お願いしておいた生徒指導の記録、ど

うなったかな」とA教諭に尋ねると、「指定されたフォルダに保存しておきました」との返事が返ってきました。それならなぜ、保存したとひと言報告してくれなかったのだろうかと思いました。

　これはある企業の人から聞いた話ですが、上司にデータをメールで提出する時に、本文には何もなく、データだけ添付して提出し、問題になったことがあったそうです。メールの送り方にも要注意です。

ここがポイント！

ひと声かける手間を惜しまない

管理職が長期不在であるなど直接手渡すことが難しい場合は、せめて付箋にひと言書いて貼っておくなどの配慮が必要です。

CHAPTER 2 | 6

宴会でのマナーを身につける

社会人としてせめてこれだけは

　男性教師十数名で宴会を開いた時のことです。一番若い教師が、会場に到着するなり上座に座ったことに大変驚きました。また、会が始まっても席に座ったままで、校長のグラスが空いてもビールをそそごうともしません。挙句の果てに、校長が若手にビールをそそいで回る事態に。こんなことも指導しないといけないのかと残念に思いました。

》これだけは守りたいマナー

- **時間に遅れない**：教師は時間にルーズだと言われています。子供相手の仕事であるため、多少の遅れには目をつぶってもらえるからです。そのためか、宴会にも平気で遅れる人がいます。時間厳守は社会人の常識として、気を付けましょう。

- **上座、下座を意識する**：一番奥が上座で、出入り口付近が下座です。会によっては、中央を上座にする場合もあります。あなたが若手の場合は、進んで下座に座りましょう。

- **乾杯のグラスは上役より下で合わせる**：管理職よりも高い場所から乾杯していませんか。相手よりも低い位置でグラスを合わせましょう。

- **お酌は両手で**：グラスのビールが半分くらいになったら、お酌をしましょう。瓶を両手で持ち、ラベルは相手に見えるように天井に向けてそそぐのがマナーです。なお何人か上役がいる場合は、偉い人からお酌をしていくのが基本です。順番にそそいで回りましょう。

- **そそがれる時も両手で**：右手でグラスを持ち、左手を底に添えます。そそいでもらったら、すぐに一口飲んでからテーブルに置きましょう。

ここがポイント！
お酌も仕事のうち

advice!

宴会当日のマナーも大切ですが、翌日も心配りをしましょう。同席した人には、「昨日はありがとうございました」と挨拶をします。また、校長が寸志を出した場合などには、「昨日はごちそうさまでした」と忘れず伝えましょう。

CHAPTER 2　職員室で信頼を得る！　基本的なマナー　037

Column 2

ちょっとした心遣いで信頼を得る

　ちょっとした心遣いができる人というのは、人間関係が良好なものです。

　Chapter 2 で述べてきたマナーも、結局は心遣いの問題なのです。『行為の意味――青春前後のきみたちに』（ごま書房新社、2010年）の中にある宮澤章二さんの詩に、

　「こころはだれにも見えないけれど、こころづかいは見える」
という一節がありますが、マナーはまさに心を見えるかたちにしたものです。

　マナー以外にも、心遣いを見せる方法はあります。

　例えば、何か大変そうな仕事をしている人に、

　「お手伝いしましょうか？」
と声をかけてみましょう。あなたの心遣いは確かに伝わるはずです。

　自分の仕事がひと段落して、すぐにやらなければならないことがなかったら、お茶などを入れて出してみましょう。必要なプリントを学年分、そっと印刷しておくのもよいですね。

　こういう心遣いが日常的にできるようになると、あなたの信頼はどんどん高まっていきます。信頼が高くなれば、逆に手助けしてもらえる機会も増えるでしょう。

　心遣いが人間関係の土台なのです。

CHAPTER 3

味方が増える！同年代との関係術

ここでは同年代とどのように付き合ったらよいのかを述べています。同年代の同僚との付き合い方、教師以外の職種の人との付き合い方、支援学級の担任との交流などについて考えていきましょう。

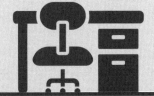

CHAPTER 3 | 1

同年代に敬意を払う

 緊張感をもって付き合おう

　学校は基本的に横並びの組織です。50代の教師も20代の教師も管理職を除けば職務上は同じ立場です。とはいっても、年の離れた先輩や後輩にはそれなりの緊張感をもって接しているはずです。では、同年代に対してはどうでしょうか。

≫ 相手のほうが力量が上だと思う

　年が離れていれば自然と気を遣えても、同年代だと気安くなりがちです。そのため、逆に人間関係がぎくしゃくしてしまう場合もあります。

　こんな言葉があります。授業を参観して、

- **自分より稚拙な授業だと思えば、自分と同程度の力量**
- **自分と同程度だと思えば、自分よりも上の力量**
- **自分よりもうまいと思えば、自分よりもかなり上の力量**

であるということです。このように考えると、ほとんどの同年代は、自分より上か同程度の力量だと思えるはずです。自然と相手を敬う気持ちもわいてくるでしょう。

≫ 親しき仲にも礼儀あり

　職場では、同年代であっても学生時代の友人などとは違うのだという認識をもって相手を敬っていれば、大きなトラブルに発展することはありません。

　親しき仲にも礼儀ありと言いますが、ともすると同年代にはぞんざ

いな対応をしがちなので要注意です。例えば、先輩の話ならば黙って聞くのに、同年代の話だと途中でさえぎったり、反論したりしていないでしょうか。そんな接し方をしていれば、関係がこじれるのは必至です。本当は、同年代ほど良き相談相手になる存在はありません。お互いの苦労を一番わかり合えるはずです。ぜひ、円滑な関係を築いていきましょう。生涯付き合う仲間となる人も出てくることでしょう。

ここがポイント！
同年代だからこそ言いすぎに注意

advice! 同期採用であっても1歳や2歳の年の差があることもあります。1歳でも年上ならば、たとえ同期採用であっても丁寧な言葉づかいをしたほうがよいでしょう。

CHAPTER 3 | 2

職種の違う職員に気を配る

 ## 孤独な人をつくらない

　学校で働く人の大多数は教諭です。しかし、学校は教諭だけで運営されているわけではありません。そのことを我々教師自身が忘れがちです。職種の違う職員にも気を配りましょう。

≫ まずは挨拶から

　教諭以外の職種にはどんなものがあるでしょうか。
　事務職員、事務補助員、用務員、給食配膳員、スクールカウンセラーなどがあります。これらの職種の人とはコミュニケーションが不足しがちになります。意図的に声をかけていくようにしましょう。
　とは言っても、なかなか共通の話題がないということもあります。そこでまずは、積極的に挨拶をしていきます。そして、その挨拶にひと言加えるのです。例えば、
「おはようございます。今日も暑いですね」
というように、天気の話はどんな時でも使えます。また、
「お疲れさまです。いつも給食をありがとうございます」
などと、その人の仕事をねぎらうひと言を添えてもよいでしょう。このような挨拶を続ければ、自然と会話ができるようになっていきます。

≫ 一人職にも進んで声をかけよう

　養護教諭は、教諭と言ってもほかの教諭とは仕事内容が大きく違いますし、たいていの学校には一人しかいません。音楽専科も一人です

ね。校長や教頭も一人です。こうした一人しかいない職というのは孤独を味わいやすいものです。学年の教師たちで楽しそうに話している時などには、その輪のなかに入っていきにくいものです。

　そういう孤独感を想像し、コミュニケーションを積極的にとっていきましょう。専科や養護教諭なら、自分の学級の子供のことを聞いてみると、担任の知り得ないいろいろな情報を教えてくれるはずです。

実は管理職も孤独なものです。そんな管理職への対応については、本書の Chapter 6 を参照してください。

CHAPTER 3 | 3

悪口を言わない、同調しない

教師としての品位をもつ

　ストレスがたまれば、不平や不満を言いたくなります。時には愚痴をこぼすこともあるでしょう。ですが、人の悪口、陰口は厳禁です。悪口や陰口に同調してもいけません。

≫ 子供の悪口を言わない

　職員室で、子供や保護者の悪口を言っている教師はいませんか。しかし特に、ほかのクラスの子供の悪口は絶対に厳禁です。その子供の担任は、それを苦々しく聞いているかもしれません。なぜなら、クラスの子を我が子同然と思っている担任が多いからです。つまり、親の前で子供の悪口を言うようなものなのです。その子が悪いと言うのは、その担任の育て方（指導）が悪いと言っているのと同じことなのです。

　もし、自分のクラスの子供の悪口を言っている担任がいても、「大変ですね」と言う程度にとどめておきましょう。

≫ 陰口に同調しない

　あなたのまわりに、職員の陰口を言う人はいませんか。学年室でほかの学年の教師のことを悪く言ったり、飲み会で主任の陰口を言ったりすることに喜びを感じる人もいます。そんな人に安易に同調すると、自分も同類と思われてしまいます。

　おそらく、その会話に加わらず、陰口を言うことを苦々しく思っている人もいます。そういう人に、「陰口を言う人間だ」とレッテルを

貼られてしまいます。下手すると、あなたが陰口を言っているという噂が流れてしまうかもしれません。

「物言えば唇寒し秋の風」と言います。教師としての品位をもって生活したいものです。

ここがポイント！
同調せず、うまく話をそらそう

悪口や陰口でストレスを解消している部分もあるでしょう。しかし、私たちは教師なのです。「自分は人の師としての資格があるのか？」と、常に自分自身に問いかけましょう。

CHAPTER 3 | 4

プライベートな話題を出す

まずは自分から心を開く

　プライベートが謎に包まれている教師がいます。ミステリアスな雰囲気が良いと思う人もいるかもしれませんが、何となく近寄りがたい印象を抱かれてしまいがちです。

≫ 人間くささが人をひきつける

　仕事はパブリックな場であり、プライベートは分けるべきと言う人もいます。しかし、我々教師は人間相手の仕事です。人と人がつながるためには、そのような硬直的な考えは捨てましょう。子供がその教師のことを好きになるのは、ふとその教師の人間くささが見えた時です。そして、職場の同僚も同じです。ちょっとしたプライベートな話題で盛り上がり、仲良くなっていくということがあるのです。

　例えば、私は映画が好きなのですが、ある時、最近見た映画の話をしていたら、それまでほとんど話をしたことのなかった先生が、その会話に加わってきました。その先生も、映画好きだったのです。以来、「先生、最近何かおもしろい映画はありましたか？」という会話をよくするようになり、仕事の上でも協力をお願いしやくすくなりました。

≫ 失敗談で盛り上がる

　プライベートな話と言っても、あまり自慢話のようなことばかり話していると浮いてしまいます。

　一番良いのは、失敗談です。そんなに大げさではなく、ちょっとし

046

た失敗がいいでしょう。例えば、「昨日もまた、モヤシをだめにしちゃったんですよね。モヤシって、すぐに傷んでしまいませんか?」と私がつぶやくと、「先生、よく知っていますね」と声をかけてくれた先生がいました。それがきっかけになって、私が料理をするという話題で盛り上がることができました。

ここがポイント!

すすんで自己開示する

advice! 自己開示をすることは、子供に対しても大切なことです。教師としての面だけではなく、自分という人間としての面をもっと子供たちの前で出してみましょう。

CHAPTER 3 | 5

助け合いを率先する

情けは人のためならず

　学校を取り巻く環境は複雑さを増し、教師一人では対応できないことも多くなってきました。そこで、様々な人とチームとして教育課題に対処することが求められています。チームとしてまとまっていくために大切なのは、互いに助け合うことです。

≫ 自分から手助けする

　助け合うことが大切だと言っても、どうしたらよいのかわからないという人もいるでしょう。まずは、「自分にできることは何か?」をいつも考え、積極的に貢献していくことが大切です。

　例えば、字が上手ならば、来賓が来校する時の案内板を書きましょう。特に、その役を担っている教師が字を書くのが苦手な場合、非常に感謝されるでしょう。

　また、漢字のプリントを作ったら、ほかのクラスの分まで印刷して、配付しましょう。算数や社会なども同様です。

　小さなことでよいのです。こうした積み重ねによってあなたの信頼は増し、今度はあなたを助けてくれる人が現れるでしょう。

≫ 困っている人に声をかける

　自分ができる仕事をするだけが、助け合いではありません。

　例えば、学級経営がうまくいかなくて困っている同僚がいないでしょうか。そんな同僚に、「大変そうですね」「何か力になれることは

ありますか？」と声をかけましょう。具体的な解決方法を助言することはできないかもしれませんが、話をじっくりと聞くことはできます。

人は悩みごとを話すだけでも、ずいぶんと気が楽になるものです。その職員は、あなたに声をかけてもらったことをきっと忘れないでしょう。

ここがポイント！
周囲をよく観察しよう

advice!
もしも、だれかに助けてもらったら、その恩を忘れずに、いつか必ず恩返しをしましょう。そうした一人一人の心がけが、働きやすい職場をつくっていきます。

CHAPTER 3 | 6

支援学級との連携を
密にする

分け隔てしない

特別支援学級の子供が、交流として通常学級で学ぶことが増えています。しかし、通常学級と支援学級の担任の意識には大きな差があります。自分のクラスとは関係ないと思っていては、より良い教育などできません。

≫ 支援学級を訪ねる

Chapter 3－2で、教諭以外の職種や一人職に気を配る大切さについて述べました。もう一人、気を配ってほしいのが支援学級の先生です。

今は支援学級の子供を支援学級だけで指導するという時代ではありません。また、通常学級にも特別な配慮が必要な子が増えています。そうであるからこそ、支援学級の先生との連携は必須です。

もし、自分のクラスに支援学級の子がいたら、どんどん支援学級を訪ねて、その子の様子を担任から聞きましょう。また、自分が受け持った時の様子を積極的に伝えるようにしましょう。

こうして子供を介して同僚とつながっていくことが、本当の意味での職場づくりと言えます。

≫ こまめに打ち合わせをする

クラス写真を撮った時に、支援学級の子が入っていなかったことがあります。通常学級の担任が声をかけるのを忘れてしまったからです。

050

支援学級の子は、このことでかなり心を痛めてしまいました。こうしたことが起きないように、支援学級の先生との連絡はこまめにとるようにしましょう。

また、時には学年会に支援学級の先生を誘い、一緒にお茶を飲んだりお菓子を食べたりしてもよいでしょう。支援学級の先生も不安を抱えながら子供の指導に当たっているのです。チームの一員として一緒に考えていきましょう。

ここがポイント！

支援学級の担任もチームの一員

支援学級担任の専門的知識をもっと活用しましょう。通常学級でも使える様々な技術を知っている先生もたくさんいます。積極的に教えを請うようにしましょう。

Column 3

飲みニケーションも大事

「飲みニケーションも大事」などと言うと、今の時代には似つかわしくないと思われるかもしれません。

そもそも飲みニケーションとは、高度経済成長期に流行った言葉で、上司が部下を誘って会社帰りに飲みに行くというものでした。

ここで述べる飲みニケーションはもっと幅広く、職場のいろいろな人を誘って飲みに行き、そこでコミュニケーションを図ること、ととらえてください。

例えば、ペルーの女子バレー監督だった加藤明氏は、選手と心を一つにするために、ペルーや日本の料理を一緒に食べに行ったり、みんなでそれぞれの国の歌をうたったりしたそうです。そうしたことを通し、親密さが深まり、厳しい練習をしても、みんながついてくるようになりました。その結果、ペルーチームはどんどん強くなっていったそうです。

我々教師も、チームとしてまとまっていくためには、仕事場を離れ、おいしい物を一緒に食べたり、時には共に歌をうたったりすることも大切ではないかと思うのです。

気のおけない仲間と飲むほうが楽しいかもしれません。でも時には、普段はあまり話さない先輩や後輩を誘って飲みに行きましょう。職場ではわからない、その人の本音を知ることができるかもしれませんよ。

ちなみに、便宜上「飲み」と書きましたが、お酒ではなくお茶でももちろん構いません。私の仲間にもお酒を一滴も飲まない人がいますが、いつも活発に飲みニケーションを図っています。職場を離れ、楽しいひと時を共にすることが大切なのです。

CHAPTER 4
仕事力をアップさせる！先輩との関係術

ここでは職場の先輩とどのように付き合っていくとよいのかについて述べています。先輩の目に映るあなたは、素直な良い後輩でしょうか。それとも……。ぜひチェックしていきましょう。

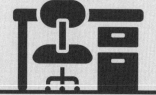

CHAPTER **4** | **1**

素直な後輩になる

素直な人は伸びる

　人間相手の教師という仕事には、マニュアル化しにくいことがたくさんあります。様々な状況に応じて、細かに対応を変えなければなりません。そんな時に一番頼りになるのは、同じ職場の先輩です。

≫ 先輩の忠告を素直に受け入れる

　職場には、すすんであれこれとアドバイスをしてくれる先輩が一人や二人はいるものです。一方で、教師には自分が指導されることを嫌う人が多いのです。ですから、そうした先輩のアドバイスに対していろいろと反論してしまう人がいます。

　「確かにそうかもしれませんが、でも……」

　このように何度か言い返してしまうと、その先輩は二度とアドバイスをしてくれなくなるでしょう。

　アドバイスを受け入れるかどうかは別として、基本的には、「ありがとうございます。勉強になりました」と言っておくほうが人間関係が円滑になります。アドバイスしてくれたことを素直に受け止めることが大切なのです。

≫ まずはやってみる

　言われたことを何でも取り入れていては、とてもやりきれない。それはそうです。ですが、せっかくのチャンスだと思って、まずは試してみることをおすすめします。実際にやってみて、それで自分に合わ

054

ないと思えば、やめればいいのです。食わず嫌いと言いますが、実際に食べてみたら意外においしかったということは多くあるものです。

様々な子供がいる時代です。教師にも様々な引き出しがあったほうがよいのです。先輩のアドバイスは自分の引き出しを増やすチャンスとなります。素直な人ほど伸びるものです。

ここがポイント！

素直に感謝する

朝、教室で子供たちを迎えるといいわよ

ありがとうございます 明日からやってみます！

advice!

「もし、自分に後輩がいたら」と、どんな後輩だとかわいがりたくなるのかを考えるのもよいですね。人の振りを見て我が振りを直すという姿勢が大切です。

CHAPTER 4 | 2

感謝は２回伝えよう

お世話になった翌日が肝心

　先輩におごってもらったり、何かを教えてもらった時に、ちゃんと感謝の言葉を伝えていますか。大切なのは、その時だけではなく、翌日にも感謝を伝えることです。

》飲み会の翌日にもお礼を

　飲み会で先輩におごってもらいました。その時に、「ありがとうございます」「ごちそうさまでした」と伝えるのは当たり前です。

　大切なのは、その翌日に先輩に再度、「昨日はごちそうさまでした。ありがとうございました」と伝えることなのです。翌日も繰り返すことで、感謝の気持ちがより伝わります。また、「なかなか礼儀正しい後輩だな」と職場での評価も高まることでしょう。そうした評価のために感謝するわけではありませんが、評価が高いほうが仕事がやりやすくなることは言うまでもありません。

　おごってもらわなかった時でも、一緒に飲んだ（食事した）翌日には、「昨日はありがとうございました」と貴重な時間を割いてくれたことや、興味深い話を聞かせてくれたことに感謝を述べましょう。それが礼儀です。

》飲み会に限らず感謝は２回

　先輩に相談にのってもらった。教科の指導法について助言をもらった。そんな場合も、その場だけではなく、翌日にも感謝の言葉を伝え

ましょう。
「昨日は貴重なお話をありがとうございました」
　そんなふうに翌日にも感謝の気持ちを伝えれば、先輩は次回も手助けしてあげようと思ってくれるに違いありません。

ここがポイント！
翌日にも感謝を伝える

 advice! 行動が速い先輩だと、「昨日はありがとう」と先を越されてしまいます。朝、先輩の姿が見えたら、駆け寄っていくくらいの心構えが大切です。

CHAPTER **4** | **3**

先輩のやっていることに
関心をもつ

先輩の行動は宝の山

よく職場を見回してください。先輩教師が、熱心にパソコンに向かい、何かを作っているということはありませんか。その時、あなたはどうするでしょうか。「ああ、何かやっているな〜」で済ませてしまってはもったいないですね。

》先輩の仕事をウォッチングしよう

どんな学校にも、「仕事ができる」教師がいるものです。そういう人は、ほかの人とは違った仕事のやり方をしているはずです。

ですが、それをいちいち人に教えて回るかというと、そうとも限らないのです。実力者のなかには、実に謙虚な人が多く、自分から何かを押しつけるようなことをしません。

そこで大切になってくるのが、あなたが先輩教師の仕事に興味・関心をもってウォッチングするということです。そして、何かやっているなと思ったら、「先生、今、何をやっているのですか?」と聞いてみるのです。すると、今度やる授業の構想を練っていたり、学習の手引きを作成していたりした場合、関心をもって聞いてきたあなたに、その秘訣を教えてくれるかもしれません。

》出会いを生かすも殺すも自分次第

私の地元には全国的に著名な先生がいます。しかし、その先生とせっかく同じ職場になっても、その縁を生かせている人はほとんどいませ

058

ん。その出会いを生かすも殺すも、その人次第なのです。もっともっと先輩のやっていることに関心をもって、そして、どんどん教えを請うようにしましょう。先輩も、そうやって自分に関心を寄せてくれる後輩には好意を抱いてくれるはずです。

ここがポイント！

「何をなさっているのですか？」と声をかける

advice! 相手にも都合があります。忙しそうな時は遠慮するか、せめて「今、お時間よろしいですか？」とひと声かけましょう。

CHAPTER 4 | 4

わからないことを積極的に尋ねる

本ではわからない感覚がある

　わからないことがある時に、一人で悩んでうんうんと唸っていることはないでしょうか。自分で考えることも大切ですが、経験豊富な先輩に聞けばすぐに解決できることもあります。

》 経験値を敬う

　例えば、あなたの担任するクラスでトラブルが起きたとします。何だか複雑な人間関係があるようで、どう仲介していいのかわかりません。そんな時は、本を読んで解決策を探すよりも、経験豊かな先輩教師に相談したほうがよいでしょう。本に書いてあるのはあくまでも一般論だからです。その一般論を、自分の今の状況に応じて変化させるには、やはり経験値がものを言うのです。

　とはいっても、ただ経験だけ積んでいればいいわけではなく、日頃からよく勉強しているような先輩に相談するのが一番です。残念ながらそういう先輩が身近にいない場合は、「この本にはこう書いてあるのですが、この対応でよいでしょうか？」と尋ねてみましょう。すると、自分一人で考えるよりも良いアイデアを教えてもらえる可能性が高まります。本に書いてあることに先輩の経験が加わるからです。

》 良い方法はないか尋ねる

　困ったことがあったら、いろいろな先輩教師に尋ね回ってみることをおすすめします。例えば、「テストの採点をもっと効率よくしたい

060

のですが、何か良い方法はないでしょうか？」「板書する時に字が傾いてしまうのですが、どうしたらよいでしょうか？」「掲示物の貼り方のコツはないでしょうか？」など、ちょっとしたコツを知っている先輩は予想以上に多いものです。どんどん尋ねて、コツや技を蓄えていくと、スムーズに仕事ができるようになります。

ここがポイント！

「少々よろしいですか？」と声をかける

advice! 書籍やマニュアルではどうしても伝わらないこと、省略されてしまっていることがあります。それを埋めるのは、やはり経験談です。

CHAPTER 4 | 5

リスペクトする気持ちを伝える

人はだれでも認められたい

先輩だと仕事ができて当たり前、自分よりいろいろなことができて当たり前だと思っていませんか。実は、先輩だって、当たり前として見られるのではなく、ほめられたいのです。

》大いにリスペクトしよう

「尊敬」とすると、何だか大げさなので、タイトルは「リスペクト」としました。心の底から尊敬するというよりも、「先輩のここ、ちょっとすごいな！」「ここいいな！」というくらいの気持ちでよいのです。そういう気持ちを、先輩にどんどん伝えていきましょう。例えば、「先生の机って、いつも整頓されていてすごいですね」「先生のまわりには、いつも子供がいますね。とても慕われているんですね。私もそうなりたいです」というようなことでよいのです。

ある程度の年齢になると、できて当たり前と思われて、なかなか認められなくなります。そんな時に、あなたが先輩の良さを伝えることで、その先輩もさらに自信をもって仕事ができるようになるでしょう。そして、そうやって築いた良好な人間関係は、自分にもプラスの影響をもたらします。

》時には昔の話も聞いてみよう

定年まであとわずかという大先輩には、若い時の話を聞くことも間接的にリスペクトの気持ちを伝えることになります。また、その大先

062

輩がどんな経験をして今の考えに至ったのかを聞くことは、自分の教師人生にとっても大いに参考になることでしょう。

なお、やたらと昔の武勇伝を語る人ではなく、控えめな人にこそ積極的に話しかけてみましょう。

ここがポイント！

先輩も認められたい

advice! 管理職だって認められたいと思っています。先輩だけではなく、管理職に対しても、どんどんリスペクトする気持ちを伝えましょう。仕事がしやすく、過ごしやすい職場になります。

CHAPTER 4　仕事力をアップさせる！　先輩との関係術　063

CHAPTER 4 | 6

教えられたら すぐに実践する

口先だけではダメ

やっていることを聞いたり、わからないことを教えてもらったりするのは、とても良いことです。でも、聞きっぱなしになってはいませんか。

≫ すぐに実践しよう

これまで、「先輩のやっていることに興味をもって、何をしているのか教えてもらう」「わからないことを積極的に尋ねる」ことの利点を述べてきました。しかし、教わったり、尋ねたりするだけで終わってしまってはいませんか。

聞いたことは、実践してこそ生きてきます。私の開催する講座などでも、「今度やってみます」という感想を聞きますが、たいていの人はやらずじまいなのではないでしょうか。かつての流行語ではないですが、「やるのは今。今やらないと、二度とチャンスはない」のです。

聞いたら、その日のうち（遅くとも翌日）には必ず実行しましょう。

≫ 実践したら伝えよう

Chapter 4 − 2で、翌日も感謝を伝えることの大切さを書きました。

ここで、さらにおすすめなのが、実践した感想を添えることです。翌朝に感謝を伝え、さらにその翌朝に「昨日、早速実践したら、子供たちがとても興味をもち、授業がすごく盛り上がりました。ありがとうございました」と報告できると完璧です。その教師も、あなたに教

えて良かったと思うことでしょう。それが次にもつながるのです。
　いろいろ聞きにくるわりに実践した気配がないのでは、教え甲斐もないというものです。

ここがポイント！

すぐに実践する

advice!　人に教える喜びは、相手が変容することにあります。その人が、より良く変わる姿こそが、どんな感謝の言葉よりも嬉しいということは、教師ならばだれしも納得できるのではないでしょうか。

Column **4**

困った先輩とどう付き合うか

　実際問題、職場には良い先輩ばかりではありません。何かと口を挟んでくる先輩。いつまでも話しかけてきて、仕事をさせてくれない先輩。やたらと仕事を押しつけてくる先輩。

　こうした先輩とどう付き合っていくのか。

　まず基本は、さりげなく避けることです。いつまでも話しかけてくる先輩がいるならば、教室にこもって仕事をしましょう。教室にも来るならば、どこか空いている特別教室を探しましょう。また、「今日は6時までに帰らなければならないので、今日はいつもよりも集中して仕事をします」などと宣言するのもよいでしょう。

　何かと口を挟んでくる先輩の場合は、「ありがとうございます」と言って聞き流せばよいでしょう。つまり、軋轢を避けて過ごすことが第一です。

　しかし、それでもうまくいかないこともあります。どう考えても自分の仕事ではないことまでどんどん振ってこられたり、セクハラまがいの言動を受けたりするなどです。

　こういう時に、嫌なことは嫌だと伝える勇気も必要です。もちろん言いにくいことはわかります。しかし、それでも言わなければならない時もあるのです。

　もし、どうしても勇気が出ない場合や言っても変わらない場合は、信頼できる先輩に相談し、早めに管理職に話を通すとよいでしょう。それでも駄目な場合は、相談窓口なども活用しましょう。

CHAPTER 5
やる気があふれ出す！後輩との関係術

ここでは後輩と円滑な人間関係を築くためのコツについて述べています。大量採用時代となり、後輩がどんどん増えてきています。先輩面ばかりしていては、後輩の心は離れてしまうでしょう。

CHAPTER 5 | 1

先輩面をしない

 広い心で見守ろう

　教師の世界は鍋ぶた型とも言われ、上司は、校長と教頭だけで（地域によって多少異なります）、あとは身分上は同僚ということになります。とはいえ、先輩・後輩といった関係は当然生まれます。では、後輩との関係には気を配っているでしょうか。実際、案外無頓着な人が多いようです。

≫ 言葉づかいに気を付ける

　相手が年下であるという気安さから、ついぞんざいな口をきいてしまうということはないでしょうか。
　「ねえ、あれやっといた？」
　「何やってるんだよ〜」
などと、特に教師は普段子供と話をすることが多いので、後輩に対しても子供と話すような口調になってしまいがちです。
　しかし、後輩であっても、丁寧語で話しかけるようにしましょう。それは「社会人としてあなたを尊重します」ということでもあります。

≫ だれでも初めは初任者

　年下の職員に対して、あれこれと厳しい意見が飛び出すことがあります。しかし、だれもが初めは初任者だったのです。
　初任の時から、敬語を使いこなすことができましたか。保護者対応は完璧でしたか。毎日、教材研究を入念に行い、子供たちから授業が

おもしろいと言われていましたか。

　ついつい未熟で失敗ばかりしていた頃の自分のことは棚に上げて人を批判しがちです。そうやって先輩面をして、あれこれと偉そうに言っても、後輩の耳には届かないでしょう。

　「自分もできなかったなあ」と、広い心で後輩を見守りましょう。言葉に出さなくても、そういう温かい気持ちは後輩に伝わるはずです。

ここがポイント！

昔の自分のことを思い出す

advice! プライベートでも仲が良い後輩教師とは、砕けた口調で話すこともあるでしょう。ただし、それは子供の前では厳禁です。子供にとっては後輩教師も「先生」なのです。

CHAPTER 5 | 2

伝達ではなく感化を目指す

背中で伝える

　教師は教えたがりです。後輩を見ると、頼まれてもいないのにお節介にあれこれ教えたがる人がいます。そのことが後輩が聞きたかったことならばよいのですが、そうでない場合、後輩がうんざりしている可能性もあるのです。

》教育とは感化

　同じことを言っているのに、説得力のある教師と説得力のない教師がいます。何を言うかではなく、だれが言うかが重要なのです。

　これは、教育の本質が感化だからです。知識を伝達するなら、だれが言っても同じはずです。しかし実際には、だれが教えるかのほうが大切なのです。ですから、後輩と付き合う時にも伝達ではなく、感化が大切なのだと心得るべきでしょう。

　例えば、自分は教育書の一冊も読まないで、「もっと勉強したほうがよい」と言っても何の説得力もありません。いつも適当な指導ばかりしているのに、「算数の指導法を教えてあげよう」と言ってもありがた迷惑なだけです。

》聞かれたら親切に教え、あとは背中で語る

　以前、一緒に働いたＡ先生は、退職の年になっても自主研修会に参加していました。３月までは学び続けるとおっしゃるそのＡ先生の姿を見て、自分も頑張らねばと思ったものです。

A先生は自分からすすんで後輩に何かを教えるような人ではありませんでした。しかし、質問すれば、実に丁寧に教えてくれるのです。こういう先輩教師こそ理想的だと思います。
　「背中で語れる先輩」でありたいものです。

ここがポイント！

背中で語れる先輩になる

背中で語ることができる教師は、後輩教師だけではなく、子供たちも感化することができます。子供たちからも、「さすが！」と言われるような教師でありたいものです。

CHAPTER 5 | 3

指導ではなく
コーチングをする

後輩を育てる

　後輩の足りない部分を見つけると、つい指導したくなるのが先輩というものです。また時には、仕事を取り上げ、自分がやってしまうこともあるかもしれません。しかし、それでよいのでしょうか。

》後輩を育てることも大切な役目

　後輩の不備を指導したり、自分がやってしまったりすれば、実際は効率的かもしれません。しかし、それでは後輩が育ちません。

　手助けは最低限にとどめ、次回からは一人でできるようにしなければ、その後輩はいつまでたっても成長できません。その結果、結局は効率が悪くなるのです。目先のことにとらわれず、広い視野をもって後輩を育てていくことが大切です。

》コーチングの手法を身につける

　教えるのではなく、自分で気付き、できるようにしていく。そのために有効な手法がコーチングです。紙面の関係で、ここでコーチングの全貌を述べることはできませんが、次のポイントだけ知っていれば、職場で十分に使うことができます。

　①どんなことに困っているのか、何が問題なのか聞く

　②その解決のために何が必要なのか聞く

　③解決に必要なことを、いつから、どんな順番でやるのか聞く

　相手に「問い」を出し、その答えを「傾聴」することを繰り返し、自

072

ら気付かせていくのです。ただし、答えが見つからず行き詰まること
もあります。そういう時には、2つ3つ選択肢を出して、そのなかか
ら選んでみてはどうかと助言しましょう。

advice!
すべてをコーチングで行うというわけではありません。端的に教えたほうがよい場合もあります。しかし、自分で考えさせ、気付かせなければいけないという場面のほうが多いものです。

CHAPTER 5 | 4

弱い部分を見せる

📖 自慢話よりも失敗談

　後輩に対して、自慢話をしてしまうということはありませんか。武勇伝は、聞き手をうんざりさせてしまうこともあります。

》失敗談を語ろう

　自分のやることに自信がもてない若手教師も多くいます。そんな若手に武勇伝を語って、いかに自分が良くやっていたかを話せば、相手の自信をもっと失わせてしまうことでしょう。

　私の場合は、昔の失敗談をよく話します。例えば、個人面談でのこと。ちょっとしたことでも泣いてしまう男の子の母親に、「もっと気持ちを強くしなければダメです」と話したら、その母親が、面談後、校長室にすごい剣幕で乗り込み、「あの担任は、自分の子供の良いところを認めないダメな教師だ」と訴えたことがありました。

　こうした話をすると、「先生でもそうやって面談で失敗したことがあるのですね。ちょっと安心しました」とほっとした表情を見せる若手は多いものです。

》失敗談を教訓とさせる

　以前、連絡不足で保護者を怒らせてしまった若手がいました。そんな時に、「もっと早く連絡すべきだったね」などと正論で説教しても、なかなか心には響かないのではないかと思います。

　それよりも、「自分も軽いケガだと独断で判断してしまったところ、

074

実は病院で治療が必要なケガであったことがわかり、大変なことになってしまった経験がある。それ以来、小さなことでも主任に相談したり、保護者に連絡するようにしている」といった失敗談から得られた教訓を話したほうが、なるほどと聞いてもらえます。

ここがポイント！

自分の失敗談に置き換えて話す

advice! 人間関係ができてくれば、昔、頑張っていたことを話しても嫌味になりません。そういう関係であれば、どんどん武勇伝も話すとよいでしょう。

CHAPTER 5 | **5**

自分から足を運ぶ

後輩が来るのを待っていてはダメ

　後輩とのコミュニケーションはうまくいっていますか。いつも後輩から話しかけられるのを待っているようでは、円滑な関係をつくることはできません。

≫ 積極的に話しかけよう

　キャラクターにもよりますが、一般的に先輩には話しかけにくいものです。ですから、後輩が話しかけてくるのを待っていると、いつまでたってもコミュニケーションがはかれないことになりかねません。

　「自分は先輩なのだから、後輩から話しかけてくるべきだ」などという狭い考えを捨て、自分から後輩のところに足を運び、どんどん話しかけましょう。

　話しかけると言っても、「どう、元気？」という程度で構いません。一言でも声をかけ続けていれば、後輩も慣れてきて、逆に話しかけてくることも増えるでしょう。ただし、あまり多くの質問を一度に投げかけると、後輩を困惑させてしまうので気を付けましょう。

≫ プライベートに立ち入りすぎない

　話しかけるのが大切といっても、あまりにもプライベートに立ち入るのは考え物です。「付き合っている人はいるの？」「いつ結婚するの？」などの話は嫌がる人もいますので、相手からそうした話題を振ってこない限りは、口にしないほうが無難でしょう。

趣味嗜好に関することで、それを馬鹿にするような発言も要注意です。例えば、休みの日に何をしているのか聞いた時に、「漫画ばかり読んでいます」と返事をした教師がいました。そういう時に、「教師なんだから、ちゃんと本も読んだほうがいいね」などと言っては興ざめもいいところです。

ここがポイント！
自分からどんどん話しかける

advice! 物静かな子供とのコミュニケーションにも後輩への声かけと同じことが言えます。教師からどんどん話しかけていかないと、疎遠になってしまいます。そういう子ほど、教師が自ら足を運び、話しかけていくようにしましょう。

CHAPTER 5 | 6

後輩にこそ教えを請う

後輩からもどんどん学ぼう

「後輩にあれこれ教えてもらうのは恥だ」などと思っていませんか。そんな小さなプライドは捨ててしまいましょう。後輩から教えてもらうことは、恥ずかしいことではなく、むしろあなたへの信頼が深まる行為です。

》積極的に教えを請う

『論語』に、「子曰く、後生畏るべし。焉んぞ来者の今に如かざるを知らんや」という言葉があります。若者は努力次第でどれほどの人物になるかわからない。だから侮ってはいけないといった意味です。こうした気持ちをもっていれば、後輩の優れている部分をたくさん見つけられることでしょう。

例えば、エクセルの技術が優れているなと思えば、「エクセルでリンクを貼る方法を教えてくれるかな？」などと教えを請うことができるでしょう。後輩からすれば、先輩から頼られたのですから、張り切って教えてくれるはずです。

なかには、こんなことも知らないのかと馬鹿にされそうで、なかなか後輩には教えてもらいにくいという人もいるでしょう。ですが、学び続ける姿勢は教師としての手本となるはずです。

》授業や学級経営についても学ぶ

ぜひ、おすすめしたいのが、授業や学級経営について後輩から学ぶ

ことです。若いのに授業がうまい先生や子供との関係づくりが上手な先生がいます。センスの有無と言えばそれまでですが、そういう後輩の先生に、「どんなことを考えてやっているのか？」「何か工夫していることはないか？」などと聞いてみましょう。

　教育の本質に関わることを後輩から学ぼうとする姿勢は、あなたをワンランク上に引き上げます。

ここがポイント！

後輩からも貪欲に学ぶ

後輩から教わる時には、生徒になった気持ちで素直に話を聞きましょう。つい先輩風を吹かせて、「それは知ってるよ」などと口を挟んではいけません。謙虚さが大切です。

Column 5

お金ではなく仕事で還元する

　以前の職場で、ことあるごとに奢ってくれる先輩がいました。その先輩はおやつを買ってきてくれたり、飲み会でいつも多めにお金を出してくれたりしました。そのことはとてもありがたかったのですが、仕事では少し困ったところがありました。様々な仕事を押しつけられたり、時には不条理な要求をされたりしました。

　ですから正直なところ、その先輩とはあまり付き合いたいとは思いませんでしたし、職場が変わってからは会うこともありませんでした。

　一方で、仕事上でとても助けてくれた先輩がいます。私が困っている時にあれこれ相談にのってくれたり、手伝ってくれたりもしました。時には、一緒にお酒を飲みにいって愚痴を聞いてくれることもありました。ただし、この先輩は滅多に奢ってくれるということはありませんでした。でも、その先輩を「けちな人だな」などと思ったことなどありません。話を聞いてくれること自体がありがたかったのです。もちろん、今でもその先輩とは付き合いがあります。

　やたらと金払いがよい人のなかには、実は「困った人」が多いのです。逆に言えば、「困った人」だからこそ、奢ることで人をつなぎ止めようとしているのではないかと勘ぐってしまいます。

　もちろん、金払いもよく、人間的にも素晴らしい人もいます。ですが、基本的には、後輩には仕事や相談などお金以外のところで還元していくことを心がけたほうがよいだろうと私は思っています。

CHAPTER 6

眠った力が引き出される！管理職との関係術

ここでは校長や教頭など、管理職との付き合い方について述べています。管理職との良好な人間関係づくりは、快適な仕事環境づくりにも直結するものです。

CHAPTER 6 | 1

素早く相談する

報告・連絡・相談を大切に

　よく言われることですが、上司への報告・連絡・相談、「ホウレンソウ」というのは、仕事を行う上での基盤となるものです。これを怠ったために、大きなトラブルに発展することも多くあります。

》 報告よりも相談

　「ホウレンソウ」という言い方から、常にその順番で行うことが大切だと勘違いしている人がいます。もちろん、ささいなことであれば簡単に「報告」すればよいでしょう。ですが、トラブルの場合は、一番始めに行うべきは「相談」です。管理職が困るのは、事態がどうにもならなくなってから「報告」されることです。

　例えば、いじめに関して次のようなトラブルがありました。保護者から、子供がいじめられていると相談を受けた担任が、そのことを3日間かけて調査したのですが、どうも状況がはっきりしないのです。そこでしばらく様子を見ていたら、いつになったら動いてくれるのかと保護者がかなり立腹して教頭に説明を求めてきました。担任に相談してからも、いじめは続き、ついにその子は登校を渋るようになっていたのです。

　この場合、最初に保護者から話を聞いた段階で管理職に相談をしておけば、チームで対応するなど、より効果的な対策がとれたかもしれません。

≫ 自分なりの方策を考えてから相談する

　相談が大切だからといって、「どうしたらよいでしょう？」と聞くのでは、頼りない教師だと思われてしまいます。「このような方策で取り組みたいのですが、それでよいでしょうか？」という自分なりの方策を考えそれについて、アドバイスを求めるのが、相談する時のコツです。あとは事態に応じて、こまめに報告していくようにします。

ここがポイント！

自分で考えてからアドバイスを求める

advice!　管理職に「報告」や「相談」をしておくことは、自分を守ることにもつながります。管理職に話をしてあれば、その対策についての責任は管理職に移行したことになるからです。

CHAPTER 6 | 2

メモを使って
結論から報告・相談する

管理職は忙しい

「ホウレンソウ」が大事だとはいえ、管理職も結構多忙で、じっくりと話を聞いている時間がないというのが現状です。だらだらとした「報告」や「相談」にいらつく人も少なくありません。

》 まずは結論から

毎日、何人もの教師が教頭である私に報告したり、相談したりしてきます。例えば、次のような相談がありました。

「実は、昨日、今日と休んでいる子がいて、風邪だと母親から連絡はもらっているのですが、その前にも何日か休んだことがあって……」

ここまで聞いても、休みがちな子供のことを相談していることはわかりますが、それでどうしたいのかが見えてきません。

- 家庭訪問に行く許可をとりにきたのか
- 単に心配だと報告をしているのか
- どうしたらよいかと相談しているのか

様々な可能性があります。相談をする時は、だらだらと話をせずに、結論から話すようにしましょう。

先の例では、「休みが続いている子がいるので、家庭訪問に行ってもよろしいでしょうか？」と言えば、「どうぞ」とすぐに許可を出して、話が終わる可能性もあります。そうすれば、お互いの時間短縮にもなります。

≫ 可能ならばメモを添えて報告する

　報告する側の教師は、よく知っている受け持ちの子のことですから、どんどん話を進めますが、聞き手にはわからないことも多いのです。そのため、クラス、児童名、休んだ日などの状況を簡単に述べたメモを渡してから相談すると非常にわかりやすく、助かるでしょう。

ここがポイント！
メモを活用しよう

advice! 報告や相談の前に、必ず「今よろしいでしょうか？」と聞くことは最低限のマナーです。また、報告する場合は、まずは事実のみを述べるようにしましょう。

CHAPTER 6 | 3

自己アピールを忘れない

自分の良さを管理職に伝える

　よほど小さな学校ならば別ですが、職員の長所、頑張っていること
などを知らない管理職は意外と多いものです。自己アピールも時には
大切です。

≫ 校外での頑張りもアピール

　以前、なかなか優秀な若手教師がいました。子供との関係は良好で
すし、板書もわかりやすい。よくやっているなとは思っていましたが、
ある休みの日に、県外の自主研修会でその教師とばったり会いました。
聞けば、よく休みの日にはこうした研修会に参加しているとのこと。
さっそく、その成果を学校でも広めてくれるように頼みました。

　これはたまたまわかった例ですが、こうした校外での頑張りはもっ
とアピールしたほうが、管理職からの評価も上がります。

　ただしあまり露骨にやっては、かえって反感を買ってしまうかもし
れません。あくまでも、さりげなく、週指導計画の反省欄に書いたり、
管理職との会話のなかで伝えたりしましょう。

≫ 校務分掌でもアピール

　校務分掌の仕事についても、あまりアピールをしない人が多いもの
です。

　例えば、昨年と少しだけやり方を変えようと思ったら、管理職に「今
年はこんなふうにやってみたい」とどんどん報告をしていくとよいで

086

しょう。「この先生はなかなかやる気があるな！」と認めてもらえる可能性が高くなります。すると、さらに責任ある仕事を任せてもらえるチャンスも増えるでしょう。

　頑張っていれば、だれかが認めてくれるということもありますが、上手に自己アピールをしていくこともおすすめします。管理職が何でもお見通しだとは限らないのです。

ここがポイント！

アピールはあくまでさりげなく

こういうアピールをあざといと感じる人もいるかもしれません。ですが、業績評価で賃金が変わる世のなかです。多少の世渡りのコツも身につけましょう。

CHAPTER 6 | 4

個人的な相談もしておく

管理職に伝えることで自分を守る

　管理職に仕事上の相談はしても、個人的なことは相談しないという教師が意外と多いようです。しかし、自分の身を守る上でも、事前に相談をしておくほうがよいでしょう。

≫ 配慮をお願いする

　前項にも書きましたが、一人一人の職員のことを管理職が何でも把握しているなどということはありえません。むしろ、職員同士のほうがよくわかってくれているでしょう。

　ですから、管理職には仕事でのことをさりげなくアピールするとともに、個人的な相談もどんどんしておくことをおすすめします。

　例えば、小さな子供を抱え、大変な状況にあるとします。もちろん、管理職もそのこと自体は把握しているでしょう。ですが、その子が病気がちだったり、面倒を見てくれる祖父母が近くに住んでいなかったりするなどといったことは、伝えなければわかりません。そうした情報を知っていれば、担当学年での配慮などが変わってくることもあります。遠慮せずに、どんどん相談していきましょう。

≫ 頼られると応えたくなる

　人間、頼りにされれば、それに応えたくなるものです。また、親しみも抱いてくれるでしょう。

　ですから、管理職に相談し、頼ることは、配慮を期待できるだけで

はなく、良好な関係づくりにも役立つのです。また、管理職が相談内容に共感して、親しみを感じるということもあるかもしれません。

うちの管理職では、相談しても何の解決にもならない。そんなふうに思う人もいるかもしれません。しかし、たとえそうだとしても、相談するだけで不思議と人間関係が良くなるものです。あまり多くの結果を求めずに、相談してみることも大切です。

ここがポイント！
ちょっとした悩みも相談する

advice! 管理職のキャラクターによっては、個人的な話はしにくいかもしれません。それでも、仕事に関わる健康や家族のことは、確実に伝えるようにしましょう。

CHAPTER 6 | 5

管理職のプラスの面を見ていく

好意には好意が返ってくる

人は相手の感情に左右されやすいものです。管理職にどんな感情をもって接していますか。

》プラスの面を見て、好意をもつ

自分が好意をもつと、相手も自分に好意をもってくれるようになります。これを「好意の返報性」と言いますが、管理職とはこの逆の関係になりがちです。上司というのは、もともと煙たいものです。校長や教頭とは壁があるという先生方も多いかもしれません。しかし、それでは良い関係は築けません。

そこで、自校の管理職にはどんな良い点、プラスの面があるのかを積極的に探していくようにしましょう。すると、例えば、「何かと口うるさい」と思っていた人に対して、「口を出す分、最後まで面倒を見てくれる」というプラスの面を発見できるかもしれません。そうしていくつか良いところを見つけたら、「教頭先生、いつも最後まで丁寧にご指導くださり、ありがとうございます」などと伝えてみましょう。お礼を言われて嫌な気持ちになる人はいません。あなたへの好感度もアップするはずです。

》笑顔で挨拶するだけでも違う

そんなことは言えないという人は、せめて笑顔で挨拶しましょう。その際、「良い校長先生だな」と思いながら挨拶することが大切です。

090

口に出さずとも気持ちは伝わるものなのです。

　こうしたことを書くと、媚びを売ることを推奨しているように感じるかもしれません。ですが、人のプラスの面を見ていくのは、教師として必須の能力だと思うのです。その能力を鍛える場だと考えてはいかがでしょうか。

ここがポイント！
プラスの面を探してみよう

advice! プラスの面は性格に限りません。服装のセンスが良い、体力があるなど、多方面に範囲を広げて探していきましょう。

CHAPTER 6 | 6

管理職の話を
深刻に受け止めすぎない

深刻な話かどうか見極める

　教師にはまじめな人が多い上に、普段人から注意されることが少ない職業ですので、指導されることへの耐性が低いように思えます。管理職の指導や注意をどのように受け止めるべきなのでしょうか。

》》 管理職の注意がいつも深刻なものとは限らない

　自分が管理職になった時に、困ったなと思ったことがあります。ある教師が、子供に少しきつめの指導をしていたのを目撃しました。そこで、後ほど「なかなか熱血な指導をしていたね」と伝えたところ、「申し訳ありません。以後、気を付けます」と頭を下げてきたのです。私は、単に「なかなか熱い指導をしているなあ」と思って伝えただけです。実際、子供を厳しく指導すべき事案でもありました。

　私の口調が良くなかったのかもしれません。その時、管理職の話は指導や注意と受け止められやすいのだなと反省しました。

　この例のように、管理職の話を深刻に受け止めすぎていることはないでしょうか。これは深刻な注意なのか、それとも違うのか、よく吟味して判断したいものです。

》》 できないことはスルーする

　なかには、無理難題を押しつけてくる管理職がいるかもしれません。そういう場合は、スルーするしかありません。聞こえなかったふりをしましょう。何度もスルーすれば、そのうち言われなくなります。もっ

ともそうすれば、管理職からの評価はぐっと下がります。しかし、それで体を壊しては元も子もありません。評価が下がるほうがましだと割り切れば、結局はうまくいくのではないかと思います。

ここがポイント！
管理職からの話は吟味する

advice!
本項で述べたことと逆になりますが、まれに管理職の話をまったく意に介さない教師もいます。何度も同じことで注意されている場合、やはり自分に足りない部分があるのではないかと反省することも必要です。

Column **6**

頼まれた仕事は最速で行う

　管理職として仕事を頼むことがあります。その時に一番困るのが、いっこうに取り組んでいるそぶりさえ見えない教師です。

　どんどん月日が過ぎていき、こちらがしびれを切らして、「あの件はどうなったかな？」と聞くと、ほとんどの場合、「今やっているところです」と、何かの出前のような返事が返ってきます。結局自分でやったほうが早かったな、と思うこともしばしばあります。

　一方、頼りになるのは、すぐに取り組む教師です。完成度は高くなくてもよいのです。とりあえず、自分なりの考えでやってみましたと提出してくれれば、こちらも意見やアイデアを出しやすくなります。それから微調整していけば、こちらの要望通りのものが完成します。

　いつまでも提出しない教師の場合、こうはいきません。なかには、「完成度を高めてから出そうと思った」と言う人もいますが、その人の完成イメージとこちらのイメージが合致するとは限りません。また、ある計画のなかで、その仕事をお願いしているのですから、全体的な計画の遅れも生じます。

　上司から頼まれた仕事はすぐに着手する。完成度は多少下がっても構わないので最速で行う。これが仕事の鉄則です。

CHAPTER 7

苦手な人とも向き合える！コミュニケーションのスキルアップ術

だれにでも苦手な人がいるものです。ここではそういう苦手なタイプの人とどのように付き合うとよいのか、その考え方や具体的な方法について述べています。

CHAPTER 7 | 1

合わない人がいて 当たり前と心得る

すべての人を好きにはなれない

教師だって人間です。気が合う人がいれば、合わない人もいます。当然、嫌いな人もいるでしょう。まずは、そのことを正直に認めてしまいましょう。

》割り切れば気が楽になる

気が合わない人がいる時に、「自分がいけないのではないか？」と自分自身を責めてしまうと、だんだんと職場が息苦しくなります。逆に、「あの人のせいでイライラが募る」と相手の責任にばかりしていると、毎日腹を立てて過ごすことになってしまいます。

そうではなくて、「自分には合わない人もいる。どうしても好きになれない人もいる。人間とはそういうものだ」と思うと、気持ちが楽になります。つまり、だれが悪いということではなく、単純に合わない人がいるのだと割り切るのです。

》仲良くではなく、うまく過ごせればよい

私は、高学年を受け持つと、こんな話をするようにしていました。

「みんながお互いを好きになって、仲良く過ごせるのが理想だけど、それは難しい。でもお互いにうまく過ごすことはできる。たとえ好きではなくても、それを顔には出さずに、うまくやること、協力することはできるはずだ」

教師間の人間関係も、まったく同じだと思います。同僚は、ライバ

ルでもなく、敵でもないのです。いざという時に協力できるようにはしておきましょう。

　このことは、特に様々な課題をチームとして対応することが求められる現在では、必須の考え方と言えます。

ここがポイント！
仕方がないことだと割り切る

advice!

こちらがうまくやろうと思っても、相手がなかなか協力してくれないこともあります。そういう時は、無理にうまくやろうとしなくても構いません。「やはり合わないなあ」と苦笑し、軽く流してしまいましょう。

CHAPTER 7　苦手な人とも向き合える！　コミュニケーションのスキルアップ術　097

CHAPTER 7 | 2

1mmでも上のレベルに立つ

接しているから摩擦が起きる

苦手な人と同じレベルで話をしてしまっていませんか。同じレベルで話をするから、人間関係に摩擦が生じるのです。少しでも上に立つようにしてみましょう。

》》同じレベルだから摩擦が生じる

これは、師である野口芳宏先生に教えていただいたことです。机の上で消しゴムを擦れば摩擦が生じます。しかし、その消しゴムを1mmでも浮かせば、いくら消しゴムを激しく動かしても摩擦は起きません。

人間関係も同じです。2人の考え方のレベルが同じだと、摩擦が生じます。しかし、一方が1mmでもレベルの高い考えをもてば、摩擦は生じないのです。気が合わず、ちょっとした言い合いになってしまう同僚はいませんか。嫌味な言動に腹が立つ上司や先輩はいませんか。やることなすこと、何でも気に障る後輩はいませんか。

あなたがそんな感情を抱くのは、相手とあなたが同じレベルになってしまっているからかもしれません。

》》上から目線になる

そう簡単には、自分の考え方のレベルを上げることはできません。そこでおすすめしたいのが、「上から目線」で考えることです。もちろん上から目線の言動は避けるべきですが、心のなかで思う分には構いません。例えば、どうしても意見が対立し、言い合いになってしま

098

う相手には、「この人はいつもムキになって幼いなあ。仕方がない、今回は譲ってあげようか」と思うようにするのです。いちいち嫌味を言ってくる先輩には、「家庭がうまくいっていないのかな？　そのストレスを職場で発散しようとするなんて、困った人だな〜」などと、まさに上からの目線をもって考えてあげるのです。

ここがポイント！
考え方のレベルを上げる

advice!　考え方のレベルを上げるための王道は、もちろん、修養を重ねて人間としての深みをつけていくことです。そのためには、日々、いろいろな人の話を聞いたり、本を読んだりすることが欠かせません。

CHAPTER 7　苦手な人とも向き合える！　コミュニケーションのスキルアップ術　099

CHAPTER 7 | 3

自分から声をかける

苦手な人ほど頻繁に

苦手な人は、どうしても避けたくなるものです。しかし、そうやって疎遠になればなるほど、さらに心は離れていきます。この悪循環を改善しましょう。

》意図的に声かけをする

苦手な相手がいても、その人とは仕事上ほとんど関係がないのならば、そのままにしておいても問題ありません。困るのは、関わりがある場合です。

少しでも苦手意識を払拭し、関係を良好なものとしておきたいものです。アメリカの心理学者、ザイアンスの実験では、「目にする回数が多いほど、会う時間が長いほど、好意をもつ」ことが明らかになっています。「遠くの親戚よりも近くの他人」という言葉もあるように、接触回数が多い相手に親近感を抱くことは間違いないでしょう。

ですから、苦手な相手に対しては、特に意図的に声をかけましょう。挨拶はその第一歩です。短時間でもよいので、自分から足を運び、話をするようにしましょう。

》簡単な会話を積み重ねる

苦手な相手と長い会話を続けるのは難しいでしょう。ですから、ほんのひと言だけ声をかければよいのです。

「先生、もう授業参観の内容を考えましたか？」

100

「もうすぐ夏休みですね」

　この程度で構いません。相手が返事をしなくても気にしなくてよいでしょう。

　そうやって日々声をかけていると、相手の変化にも気付きやすくなります。髪を切ったことや、バッグが新しくなったことなど、さりげなく話題にすると、会話がはずむこともあるかもしれません。

ここがポイント！

足を運び、声をかける

advice! 会話を交わすうちにお互いの共通点が見つかれば、またとないチャンスです。共通点があると、より親近感が増すものです。共通点を探す視点で会話をしてみるのもおすすめです。

CHAPTER 7　苦手な人とも向き合える！　コミュニケーションのスキルアップ術

CHAPTER 7 | 4

ゼロベースで相手を見る

加点主義に徹する

　苦手な相手の欠点や嫌なところばかりが目についていませんか。そして、さらに相手のことが苦手になってしまっていませんか。一度、相手のマイナス部分を忘れ、ゼロベースで見るようにしてみましょう。

》0点に戻す

　ビジネスなどでアイデアを出す時に、一度思い込みや前提知識を捨てて、何もないところから考えを始めることを、「ゼロベース思考」と言います。この思考を人間関係にも当てはめてみましょう。

　例えば、苦手な人に対しては、あれこれとマイナスな気持ちが高まっているでしょう。あんなところが嫌だ、こんなところが嫌だと、100点満点からどんどん減点していっていませんか。すでに0点近くになっているかもしれません。

　そこでまずは、いったんその人への印象をリセットしてみましょう。さらに、100点満点に戻すのではなく、0点を基準にします。100点満点で採点すると、どうしてもマイナス部分に目がいきます。完璧な人しか100点にならないからです。

》加点だけする

　0点を基準にすると、加点するしかありません。

　例えば、こちらから挨拶をしても、ろくに返事をしない人がいるとします。100点満点での採点では、当然減点することになります。し

かし、0点が基準なら、それ以上は減らせません。そして、たまたま挨拶が返ってきた時には、「今日は10点加点しておこうか」という気持ちになります。もちろん、実際には、今何点かなどと意識することはないでしょう。あくまでも、良いところを見つけて加点していくイメージをもとうということです。嫌な部分に目をつぶり、良い部分を見ていく。それは、教師ならば、さほど難しくないはずです。

ここがポイント！
ゼロベース思考で前向きに

advice! 苦手な人に加点するのは難しいことですが、マイナスの面ばかり気にするよりも、精神衛生上ずっと良いはずです。小さなプラスから見つけましょう。

CHAPTER 7 | 5

修業だと割り切る

自分を鍛えるチャンス

　苦手な相手に対してあれこれやってはみても、どうもうまくいかない。そんな時は、自分を鍛えるチャンスだと前向きにとらえてみてはどうでしょうか。

》教師としての成長につなげる

　ソクラテスは「悪妻を得れば哲学者になれる」と言ったそうですが、苦手な人と一緒に仕事をすることにも、同じことが言えるかもしれません。

　苦手な人がいるおかげで、通常ならば考えることのない様々なことについて考える機会を得たとも言えます。そして、そのことは教師としての成長につながるはずです。

　教室には様々な子供がいます。保護者にもいろいろな人がいます。自分が苦手とするタイプの人も当然いることでしょう。苦手な人とコミュニケーションをとるのは様々なタイプの人とうまく接するための修業だと思いましょう。そして、あれこれと試していくのです。

　教師としての腕を上げるための修業だと思えば、気が楽になるでしょう。

》いろいろな手を試す

　例えば、相手がもしも同僚ではなく、保護者だとしたら、苦手な相手であっても、どうやったら良い関係になれるのか、もっと戦略的に

考えていくのではないでしょうか。手段としては、子供の良いところを伝えていく、感謝の言葉を伝えるなどが考えられます。

これを苦手な教師に応用します。まずは、その教師の学級の子供たちをほめるのです。そして、その教師が校務分掌で何かをやったら、そのことに感謝を伝えます。その教師はどのように接すると気分が良くなるのか、よく観察し、試していきましょう。

ここがポイント！

戦略的にいろいろと試す

advice! こういうやり方は策略的で好きになれないという人も多いかもしれません。ですが、いろいろ試した結果であれば、仕方がないときっぱり割り切ることができるものです。

CHAPTER 7 | 6

最終手段は絶縁すること

どうにもならないこともある

　人生、どうにもならないこともあります。いろいろ工夫してみたものの、どうしても苦手な相手とうまくいかない。そんな時の最終手段は絶縁です。

≫ 縁を絶つ

　何をやってもうまくいかなかった場合は、あきらめも肝心です。「この人とはつくづく縁がないのだなあ」と思って、無理に関係を改善する努力はやめましょう。

　そして、可能な限り、その人と関わらないようにします。少し大げさですが、「縁」を絶つ、つまり「絶縁」する決意をしましょう。

　とは言っても、完全に無視をしたのでは仕事に支障が出ます。どうしても話をしなければならない時もあるかもしれません。そんな時は、事務的に淡々と話をします。必要がない時には、近寄りません。

　そういう態度をとっていれば、相手もあなたを避けるようになるでしょう。意外とそのほうが、お互いに気が楽になるかもしれません。

≫ 期待を捨てる

　なぜ、相手のことが苦手なのでしょうか。相手の言動にいらつく。自分の仕事の邪魔をしてくる。いちいち反対される……。

　こうしたことの原因には、たいていの場合、相手への期待があると言えます。いらつく言動をしないでほしい。仕事の邪魔をしないでほ

しい。反対しないでほしい……。こうした期待を捨てて、この人とは何の縁もないのだと考えてしまえば、いちいち腹を立てる必要もなくなります。実害がある場合もありますが、そんな時も、基本的には「金持ち喧嘩せず」と自分に言い聞かせ、無視しておきましょう。嫌な感情も放っておけば、いずれ収まるものです。

ここがポイント！

絶縁すれば気が楽になる

advice!
もちろん「絶縁」はぎりぎりまで我慢し、様々な手立てを講じて関係改善に努めましょう。管理職に相談して、手助けをお願いするのもよいでしょう。

Column 7

いつまでも苦手とは限らない

　男女の出会いで、第一印象は悪かったのに、結局はその相手と付き合うことになったということが意外とあるものです。もちろん好印象からスタートすればもっとよいのでしょうが、悪い印象であっても、何かを感じただけましだ、ということのようです。一番見込みがないのは、何も感じなかった場合です。

　男女に限らず、教師の人間関係にも似たようなことがあるのかなと思います。

　私が20代の頃の話です。第一印象どころか、しばらく悪い印象しかもてなかった人がいます。その教師はとにかくほめることを大切にしていて、子供同士でもどんどんほめ合いをさせていました。当時の私にはどうにもそれがきれいごとに思えて、好きになれませんでしたし、そのやり方を押しつけてくるその教師自身のことも、はっきり言って苦手でした。

　しかし今では、その教師の教育観も理解することができます。まったく同じやり方ではありませんが、自分もまた、ほめることを大切にするようになりました。もちろん、その教師に対する苦手意識も、もうありません。むしろ、好印象をもっているほどです。

　このように、もしかしたら自分の視野が狭いがために、あるいは人生経験が不足しているがために、「その人」のことが苦手な場合があるのです。

　「今はどうにも合わないけれど、20年後には理解できるのかもしれないなあ」

　そう思うと、「その人」のことが少しは苦手ではなくなるかもしれません。

CHAPTER 8

もう異動も怖くない！新しい職場での6つの心構え

職場が変わると大きなストレスがかかります。ここではそのストレスを少しでも軽減するための方法を述べています。異動前にチェックして、心の準備を整えましょう。

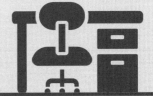

CHAPTER 8 | 1

前の職場のことを
持ち出さない

過去は美しいもの

　人はどうしても過去を美化しがちです。特に、異動して間もない頃は、何でも前の職場のほうが良かったと感じてしまいます。でも、それは本当でしょうか。

≫ 過去は美化しがちと心得る

　だれしも自分のやってきたことを否定したくはないものです。そのため、嫌なことは忘れ、良い思い出だけが残ってしまいがちです。さらに多少の修正を加え、過去を美化してしまうことも、よくあることです。

　自分がこれまで仕事をしてきた職場を否定することは、自分の仕事や人間関係を否定することになります。ですから、余計に異動前の職場が良い職場だったと思い込んでしまうのです。

　でも、よく思い出してください。前の職場にだって、嫌なことはあったはずです。合わない同僚もいたのではないでしょうか。人は過去を美化しがちなのだと、まずはそのことを肝に銘じましょう。

≫ 今の職場を否定しない

　自分が前の職場を否定したくないのと同じように、新しい職場の教師たちも今の職場を否定したくありません。また、だれかに否定されたくもありません。

　そのことを理解せずに、「前の学校では……」を連呼する人がいます。

「前の学校では、みんなで決めていました」「前の学校では、もっと子供たちに任せていました」。「前の学校では……」という台詞を聞く度に、今の学校の教師たちは、「だったら前の学校に帰れば？」と冷めた気持ちになるのです。

「前の学校では……」と口にするのは、今の学校は駄目だと否定していることになります。

ここがポイント！

「前の学校では……」と絶対に言わない

advice! 「この学校では……」も避けたほうがよいでしょう。何だか人ごとのように聞こえてしまい、「私たちの仲間になりたくないのでは？」と反感を買うかもしれません。

CHAPTER 8　もう異動も怖くない！　新しい職場での6つの心構え

CHAPTER **8** | **2**

キーパーソンを見つける

押さえどころを間違えない

　どの職場にもキーパーソンとなる人がいます。その人の言動が、まわりに大きな影響をあたえるような人物です。そんな人物をいち早く見つけましょう。

》 キーパーソンを押さえる

　管理職でもないのに、なぜかその人が言うと、たいていの提案が通ってしまう人。だれもが、いろいろなことを相談する人物。それが、その学校のキーパーソンです。そして、そのキーパーソンに自分のことを早く覚えてもらうことが、異動先での状況を楽にするコツです。

　キーパーソンさえわかれば、何か提案する時には真っ先に相談できます。キーパーソンは、たいていその職場での勤務歴が長く、会議を通すコツや経緯を知っています。それを教わっておけば、提案がスムーズに通ります。また、困ったことがあった時にも頼りになります。

　学年のなかにもキーパーソンがいます。学年主任が強いリーダーシップを発揮し、みんなもそれについていく。そんな学年ならば心配はありませんが、やや不協和音が流れるような学年の場合、調整役となる人物がいれば、その人がキーパーソンです。何かの提案を学年で通すつもりならば、まずはその先生に相談することが大切です。

》 キーパーソンが複数いたら

　キーパーソンが複数いる場合、キーパーソン同士の仲が良ければい

112

いのですが、反目し合っていると面倒です。片方とばかり仲良くなると、トラブルに発展しかねません。双方にバランス良く話しかけ、中庸を目指すのが理想です。

　それが難しいならば、よく人間関係を見極めて、より子供のことを考えている先生のほうに相談にのってもらうようにするとよいでしょう。

ここがポイント！
困ったことはキーパーソンに相談

advice!
キーパーソンが見つかったら、表面には出てきにくいその学校の風土、独自の考え方などについても積極的に教えてもらいましょう。

CHAPTER 8　もう異動も怖くない！　新しい職場での6つの心構え　113

CHAPTER 8 | 3

困ったら助けを求める

遠慮のしすぎは禁物

　新しい職場に異動すると、新規採用時に戻ったような気持ちになります。どこに何があるのかがわからず、右往左往することもしばしばです。

》困っているとアピールする

　例えば、チョークがほしくて職員室をあちこち探しても見つからず、どんどん時間だけが過ぎていく。それはとても無駄なことです。でも、どの先生も忙しそうにしていて、だれかに聞くのは憚られる。そんな経験はありませんか。そんな時は、遠慮せずに、困っていることをアピールすることをおすすめします。

　「すみません。チョークの場所を教えてください！」
と少し大きめの声で言ってみましょう。すると、だれかが教えてくれるものです。教えてもらったら、心を込めてお礼を言えば、その人とのコミュニケーションも図れて一石二鳥です。

》自分も進んで手助けする

　いつも「困った、困った」と騒いでばかりでは、単なる使えない人というレッテルが貼られてしまいます。自分に手助けができそうな時は、どんどん声をかけましょう。

　例えば、大きな荷物を持っている人には、「一緒に持ちますよ」と声をかけます。資料を綴じ込んでいる人がいれば、さりげなく一緒に

114

作業します。

　もちろん、人の手伝いばかりしていて自分が忙しくなるようでは本末転倒ですが、異動してしばらくは手助けしてもらうほうが多いものです。その分の恩返しだと思って、積極的に手伝いましょう。

ここがポイント！
困ったら騒いでみる

> すみません。コピー機の使い方がわからないので、だれか教えてください！

> あっ 教えてあげましょう

advice!

慣れない学校では、物の場所に限らず、生徒指導や保護者対応でも悩むことが多いことでしょう。その学校特有の生徒指導があるものなので、そんな時も、積極的に手助けを求めるとよいでしょう。

CHAPTER 8 | 4

新しい自分を演出する

異動をチャンスに

　一度ついてしまったレッテルは、そう簡単に払拭できるものではありません。「高校デビュー」などという言葉があるように、環境の変化は自分を変えるチャンスになります。

》噂はついてまわる

　管理職をしていると、異動してくる教師の良い噂も悪い噂も耳に入ってくるものです。良い噂はともかく、悪い噂の場合、こちらとしても警戒します。もちろん、前任校のことは前任校でのこと。実際の働きぶりを見てから判断しなければなりません。しかし、正直なところ、多少の色眼鏡で見てしまう部分もあります。

　多くの場合、「噂通りだな」と残念に思う結果に終わりますが、なかには「噂と全然違うじゃないか。とてもよくやっているな！」と感じさせる教師もいます。そういう教師は、前任校との相性がたまたま悪かっただけなのでしょう。しかし、いずれにしても、心機一転、自分を変えようと努力しなければ、同じ結果になっていたはずです。

》前任校の反省を生かす

　これまで何人かの教師に、「聞いていた印象と違う」という趣旨のことを、表現をやわらかくして伝えたことがあります。すると、どの教師からも、「せっかくの異動なので、これまでの自分を反省し、頑張ろうと思った」という言葉が返ってきました。そこで、異動が決まっ

たらおすすめしたいのが、前任校での信頼できる同僚（先輩でも管理職でも構いません）に、次の学校でどんなことに気を付けたらよいのか聞いてみることです。私の場合は、「思ったことをすぐ口に出して敵をつくりやすいので、1年間は黙っているように」との助言をもらいました（実際には、1年はもちませんでしたが……）。

ここがポイント！

異動は自分を変えるチャンス

advice!
新しい校務分掌についた時もチャンスです。例えば、研究主任になったことをきっかけに、学級という視点から学校全体のためにと視野を広げて考えていけば、「今までと違う！」とまわりからの評価もアップします。

CHAPTER 8 | 5

その学校の良さを見つける

まずは他者理解から

　一般的に、短所は目に付きやすく、長所は気付きにくいものです。そのため、異動するとその学校の短所ばかりを指摘しがちになります。

歴史や経緯を理解する

　自分の家に友人が遊びにきたとします。そして、その友人が「部屋の片付けができていない」「子供が挨拶もしない」などと、あなたの家や家族の欠点を矢継ぎ早に指摘し出したら、あなたはどんな気持ちになるでしょうか。

　部屋の片付けが足りなかったのは急に訪問されたからであり、自分の子供は極度の人見知りで、そのわりには頑張って挨拶をしていたのかもしれません。そんな経緯も知らずに、勝手なことを言わないでほしいと思ってしまうかもしれません。

　職場の異動でも同じようなことが起きがちです。子供の挨拶ができていない、行事のやり方が非効率的だといった短所が目に付き、それを口にしてしまう。それを聞いた教師は、「何も知らないのに」と反感を覚え、あなたへの印象を悪くします。その学校独自の文化、やり方には、その学校の辿ってきた歴史や経緯があるのです。それを理解し、簡単に批判するのではなく、謙虚にその経緯を学ぶ姿勢が大切です。

その学校の文化や子供たちをほめる

　じっくり見ていけば、どの学校にも良い文化や習慣があるでしょう。

118

子供たちの頑張っている姿にも気付くはずです。欠点を指摘するのではなく、そうした良さを積極的にほめることが大切です。

　まずは、その学校を好きになること。そのためには、良さを実感する必要があります。当分はその学校で過ごすことになるのです。そうした努力をしなければ、結局は自分が苦しくなります。それに、「この学校の子供たちは元気がいいですね」と言われれば、前からいる教師たちの気分が良くなり、コミュニケーションが円滑になります。

ここがポイント！

その学校の良さをほめる

advice!　「まずは長所を見ていく」という見方は学級担任としても大切にすべきです。短所を見つける担任なのか、長所を見つける担任なのか、その教育観を子供は敏感に感じとります。

CHAPTER 8 | 6

じんわりと
新しい風を吹かせる

北風と太陽から学ぶ

　異動があるのは、新しい見方や考え方を取り入れ、マンネリを防ぐためでもあります。良い点をほめるだけでは、新しい風は吹きません。

》あせりは禁物

　前項では、転任校の歴史や経緯を理解し、まずは良さをほめると述べました。その上で、せっかく異動してきたのですから、新たな視点でより良く学校を改善していきたいものです。

　そのためには、ある程度の関係ができてきてからですが、欠点を指摘することも必要です。ただし、あせりは禁物です。1年くらいは様子を見るのがよいでしょう。

　もっとも、人は忘れやすいものです。環境にも慣れていきます。そこで、気付いたことをメモしておくことをおすすめします。私も、異動した時には、気付いたこと、不満に思ったことをメモするようにしてきました。そして、この問題点をいずれ解決しようと手帳に挟み、いつでも見られるようにしておきました。

》意見を通すのではなく、意見が通るように

　イソップ物語に「北風と太陽」という話があります。旅人の上着をどちらが脱がせることができるか、北風と太陽が競うというものです。新しい職場で正論を振りかざし、その職場の欠点を指摘するのでは北風と同じです。たとえ自分の意見は通っても、みんなの心は北風に当

120

たったように頑なになってしまいます。

　そうではなく、あせらず地道に自分の信じた実践を積み重ねていけば、やがてまわりからの信頼を得ることができるでしょう。その結果、あなたの言うことならばと、意見が通るようになります。新しい職場で目指すべきは、北風ではなく太陽のような存在になることです。

ここがポイント！

実直に仕事を積み重ね、信頼を得る

advice!

一つ一つの仕事に誠実に向き合い、成果を出していくことで、理解者を増やしていきましょう。信頼は急には生まれません。あせらず、じんわりとやっていきましょう。

Column 8

異動を楽しもう！

　異動によって大きなストレスを受ける人が多いようです。

　確かに人間関係やいろいろなやり方が変わり、初任者に戻ったかのようになってしまいます。消耗品の置き場所さえわからずに、自分のことを「使えない奴」と卑下したくなることもあります。

　ですが、異動によってそれまで思いもしなかったやり方があることを知ったり、新しいものの見方を身につけたりすることも多いのです。教師としての幅が広がると思えば、異動も楽しみになるのではないでしょうか。

　私の場合は、初めての異動は、学年4学級ある学校から単学級の学校へのものでした。単学級なので、何もかも自分でやらなければなりません。初めて取り組む仕事が多く、職場の先生方に助けられながら、何とか1年を過ごしました。

　何でも自分でやらなければならない大変さはありましたが、その学校で数年過ごしたことで、学校のたいていの仕事は一通りできるようになりました。また、様々な校務分掌を担当することもできました。こうした一つ一つの経験が、今、管理職として職員にアドバイスする時にとても役に立っています。

　だれしも最初は苦しいものです。しかし、異動は自分の糧になります。そう思って、1年間は頑張ってみましょう。

もっと Q&A
読者の疑問に答えます!

ここまで提案してきた内容を、若手を中心に何人かの先生方に実践してもらいました。ここでは、その実践を通して出てきた代表的な疑問点について答えていきます。

Q.1

Chapter1－1で「他人は変えられないが、自分は変えられる」とありましたが、自分を変えることも結構難しいと感じています。どのように考えたらよいでしょうか。

　アドバイスのところにも少し書きましたが（P13）、自分を完全に変えることは難しいですよね。例えば、今日からダイエットしよう、食べすぎは控えようと思ったとします。するとその日くらいは我慢できるでしょう。ですが翌日には、またおなかいっぱい食べてしまうかもしれません。つまり、その瞬間に変わることは難しくはないのですが、それを持続、継続することは難しいのです。

　まあ、それでも、他人を変えようと努力をするよりは、自分のことならばその瞬間だけでも変えることができるので、まだましだと言えます。また、何度も何度も変えようと挑戦することで、状況が少しずつ改善していくことも多いのです。

　無理なダイエットがリバウンドを招くように、急激な変化は反動を招きがちです。自分の見方、考え方をほんの少し変えてみる。そのくらいがちょうどよい変化です。

Q.2

ストレス解消法をもっておくとよいとありましたが、学校ですぐにできる手軽な方法はないでしょうか。

A

　歌をうたったり、ランニングしたりするのは、良いストレス解消法ですが、手軽とは言えません。学校ですぐにできる方法は、ストレスがたまりそうな時に、簡単な呪文を唱えることです。

　呪文と言っても、たいそうなものではありません。例えば、沖縄の方言で、「なんくるないさー」というものがあります。これをつぶやくと、なんとなく「まあ、なんとかなるか〜」と気が楽になりませんか(本当は少し意味が違うらしいですが)。

　また、例えば、私が台湾に住んでいた時には、台湾の方々が「没問題(メイウェンティ)」という言葉をよく口にしていました。「問題ないよ」といった意味ですが、明らかに自分が悪い場合もこの言葉を口にする前向きさに、こちらが思わず笑ってしまうこともありました。

　「何でもいい」「どうでもいい」という言葉もおすすめです。だいたい教員というのは生真面目な人が多いのです。生真面目で、いい人だから、精神的にまいってしまうのです。だから、「何でもいい」「どうでもいい」という気持ちになるくらいでちょうどよいのです。わざわざこの本を読んでくださるようなあなたですから、その真面目さはお墨付きです。ストレスがかかる場面に出合ったら、ぜひこの呪文を唱えてみてください。

Q.3

人間関係で悩まないためには、視野を広げるとよいとありましたが、どんな方法があるでしょうか。

A

　「教師が伸びていくために必要なことが3つある。それは、良き師、

良き友、良き書物だ」と、私の師である野口芳宏先生から教えていただきました。視野を広げるにもこの3つの視点が大切だと思います。

　師は、自分よりも深く大きな考えをもつ存在です。その考えに触れるだけで、視野が広がります。友は互いに刺激し合う存在であるとともに、あなたの狭い見方を批判してくれる存在でもあります（本当の友とはそういうものでしょう）。また、書物によって様々な考えを知ることができます。

　私個人としては、海外に行くことも、ぜひおすすめしたいことです。日本の常識が通用しない国がたくさんあります。そんな国に旅をすると、自分の考え方・やり方が絶対のものではないと痛感させられ、自然と視野も広がります。

Q.4

普段、なかなか関わりがない職員がいます。具体的にどのようにしてコミュニケーションを図っていくとよいでしょうか。

　普段あまり関わりのない職員とのコミュニケーションに悩む人も多いようですね。そうした相手に対し、中身のある話をしようとすると、余計に話しづらくなってしまいます。

　そうした場合、くだらない内容、何ということのない話でよいので、とにかく声をかけるようにしましょう。声をかけ続けていれば、次第に打ち解けてくるものです。

　具体的には、本文にも書きましたが「天気」について話をするのが無難です。

　「今日も暑いですね」「雨が続いて嫌ですね」などから始め、「〇〇先生は暑いのは得意ですか？」といった質問をしてみると、話が続きます。

　また、自己開示も大切です。例えば、「土曜日に久々にトレーニングしたら、全身筋肉痛で大変です」などと話しかけてみましょう。

もちろん自分が話してばかりではいけませんので、相手にも質問します。自分が少し話をしたら、今度は「先生は土曜日に何かしましたか？」などと話を振るのです。その際、「特に……」と話が弾まなくても、落ち込んではいけません。次回盛り上がればよいだろう程度の軽い気持ちで話しかけるのがポイントです。
　何度も話しかければ、そのうちどんなネタなら話が弾むのかがわかってきます。

Q.5

雑談をすることで気分転換になるのはよいのですが、いつまでも話をやめてくれない先輩がいて困っています。雑談を切り上げ、仕事に集中したい時には、どうしたらよいでしょうか。

　雑談を切り上げるタイミングが難しい時がありますよね。ついつい話が盛り上がり、話を切り上げると場をしらけさせてしまいそうな時。相談にあるように、話好きな先輩に話しかけられ、なかなか話をやめてくれない時。そんな時にどうするのか、あらかじめいくつかのパターンを考えておくとよいですね。

- 「おっ、こんな時間だ」と言って腕時計を見る。ついでに、「今日は早く帰らなきゃいけないんだった」などとつぶやけば、仕事に戻れるでしょう。
- 「そうだ、保護者に電話するの忘れてた」と言って、その場を去る。保護者がらみならばだれも文句を言いません。
- バイブで知らされたようなふりをして、ポケットから携帯を取り出し、「もしもし」と言って電話に出る。そして「ちょっと電話が入ったので失礼します」と言って話を切り上げる。

　いずれにせよ、話の間に一呼吸置いたタイミングで、アクションを起こすことが大切です。

Q.6

先輩方があれこれと助言してくれるのは本当にありがたいのですが、時々、先輩によってそれぞれ異なる助言をされてしまう時があります。そんな時は、どうすべきでしょうか。

　確かに、あれこれと助言をしてくれるのは助かりますが、異なる助言をされた時には、とても困りますね。

　特に、全体に関わる提案などで、助言を受け入れたかどうかがはっきりしてしまう場合は悩みます。「せっかく助言したのに、なぜそうしなかったのか？」と、その先輩に責められてしまうかもしれません。

　まず、どの助言を選ぶかという問題ですが、「どちらが子供のためになるのか？」が第一の基準です。子供をより伸ばすほう、子供にとってより楽しいほうを選びます。

　どちらも同じくらいであれば、あとは自分の好みでよいでしょう。十分に検討したあとならば、直感でよいのです。直感といっても、その判断には自分の考えが反映されているからです。

　次に、助言を生かせなかったことの言い訳ですが、これは管理職のせいにしてしまうとよいでしょう。「相談したら、管理職がこちらのほうが良いと言った」などと伝えましょう。

　管理職からの助言は基本的に受け入れるのが無難ですが、もしもの時は、「いろいろな人に聞いたら、こちらのほうが良いと言われました。どうしたらよいでしょうか？」と再度相談しましょう。

Q.7

後輩に相談にのってほしいと頼まれ、話を聞いたら、ずっと人の悪口や愚痴を言っているのでうんざりしてしまいました。そんな時にうまく諫める方法はないでしょうか。

　悪口を聞くのは気分の良いことではありませんので、それを諫めたい気持ちもわかります。ですが、その人はあなたに批判的なことを言われたくて相談しているわけではありませんね。ですから、あなたが諫めても、その言葉は心に入っていかないでしょう。むしろ、あなたには二度と相談しないと決意することでしょう。

　かといって、悪口に同調するのもいけません。そういう時は、「あなたの気持ち、わかるよ」と言ってあげるとよいでしょう。これは悪口にのることとは違います。あくまでも、「あなたが嫌な気持ちになっていること、そのこと自体はわかる」という意味です（やや詭弁ではありますが）。

　そうやって話を聞いて、気持ちをわかってあげれば、相談事の９割は解決しているものなのです。

　それでも、もし何か一言伝えて相手に考えを変えてほしいのならば、「それであなたはどうしたいの？」と切り返しましょう。何度か聞けば、だんだん冷静になって、悪口ではない、前向きな答えが返ってくることも多いものです。

Q.8

人の忠告や指導を聞かない困った後輩がいます。こういう後輩とはどのように付き合っていくようにするとよいのでしょうか。

　若い教師のなかには、根拠のない自信をもっている人もいます（若

い教師に限らないかもしれませんが)。この根拠なき自信を、「生意気だ」と思うのか、「骨がある」と思うのかで、その人への評価が変わります。

　生意気だと思えば、指導をしても言うことを聞かない困った後輩だと感じます。骨があると思えば、言うことを聞かなくても、骨太な奴だなあと感心してしまうかもしれません。

　もちろん、だれがどう考えても守らなければならないルールを無視しているならば、それは不適格教員ですので管理職に強く指導してもらうべきですが、それほどのことではないのならば、放っておけばよいでしょう。

　もし、あなたに親切心があるならば、「あなたが生意気だとみんな言っているよ。助け合うことが教師の大事な資質だと思うけどな」と言ってあげましょう。いつかその言葉を思い出すことがあるかもしれません。

　ただし年をとっても生意気だったら、「ただの困った人」である可能性が高いと思います。

Q.9

うちの学校は、何かというと飲み会が開かれます。毎回参加するのは、正直、精神的にも経済的にも厳しいです。どのようにすれば角が立たず、うまく参加を断ることができるでしょうか。

　飲み会などで親交を深めることも大切です。しかし、あまりにも飲み会が多いのも困ったものです。

　とはいえ露骨に断ると、人間関係が悪化する可能性もあります。その日にどうしても外せない用事があると伝えるなど、無難に断るようにしましょう。

　例えば、「学生時代の友人で、今は遠方に住んでいる人と会うことになっています。わざわざこちらに立ち寄ってくれるので、日をずら

すことはできないのです」と言えば、角が立ちません。

理由としては、冠婚葬祭が一番説得力がありますが、あまり多用することはおすすめできません（説得力がありつつ、いかにも怪しい理由ですから）。

ほかには、「同窓会がある」「親を送っていかなければならない」などもよいでしょう。

また、二次会を断りたい時は、翌日に大事な用があると伝えましょう。体の調子が悪いというのもよいでしょう。これは、お酒を断る時にも使えます。

まあ、いずれにせよ、あまり頻繁に断っていては印象が悪くなりますので、気が進まなくても、ほどほどには参加したほうがよいでしょう。

Q.10

いつも感情に波があって、話しかけるタイミングが非常に難しい人がいます。どのようなことに気を付けて接したらよいでしょうか。

「触らぬ神に祟りなし」などと言うように、機嫌が悪い人とは接しないほうがよいのですが、仕事上そうもいかない時もあります。そういう時は割り切って、ビジネスライクに接するしかありません。事務的な会話を淡々と行う。それだけです。

感情に波がある人は特に面倒です。今日は機嫌が良いのか、それとも悪いのか、見極めが必要だからです。

そうした人には、とりあえずは明るく挨拶をしてみましょう。この時の反応で、相手の状態がだいたいわかります。機嫌が悪ければ、それでコミュニケーションは終了ですし、機嫌が良ければ話しかけてくるでしょう。

要するに、無理に自分から話しかける努力をするのではなく、相手から来たら返す、何も来なければ何もしないというように、相手本位で考えるとうまくいきます。

Q.11

異動したとたんに、重要な校務分掌を担当することになりました。前任校での経験もなく、困っています。

　異動してすぐに重要な校務分掌を任せられるようになるというのは、よくあることです。初任として着任した学校では、いつまでも初任者として見てもらえたかもしれませんが、異動先は戦力としてあなたを受け入れているのです。それは気の重いことかもしれませんが、逆に言えば期待の表れなのです。

　また、以前「力があるからその校務分掌を任せるのではない。その仕事を通して、力をつけてほしいから頼むのだ」という趣旨のことを校長先生から言われ、励まされたことがあります。

　異動先での校務分掌も、仕事を通して力をつけるという心構えで臨むとよいでしょう。もちろん、異動したてでわからないことも多いはずです。そのことは管理職にしっかりと伝え、相談しながら仕事を進めるようにしましょう。

あとがき

　教師の仕事の中核は学習指導であり、生徒指導です。

　ですから、どのような授業をしていくべきか、どのように子供たちと接していくべきかで悩むのは当然ですし、誤解を恐れずに言えば、ある意味それは楽しい悩みです。

　良い授業をするにはどうすればよいのかと悩み、本を読んだり先輩に教えてもらったりして、その悩みが解決した時には、「頑張って良かった」と思えるはずです。

　ところが、仕事をする上で一番の悩みは、「職員室での人間関係」だという人が多いのです。これは、楽しい悩みには決してなりません。

　むしろ、ストレスのために、仕事自体に嫌気がさしてしまいかねません。

　ぜひとも本書を参考に、こうした不要な悩みを解消し、本来悩むべきことに悩む時間をとっていくようにしましょう。

　今回の書籍化にあたっては、学陽書房の根津佳奈子さんに大いにヒントをいただきました。また、的確な助言をいただき、内容をブラッシュアップすることができました。本当にありがとうございました。

また、「ここがポイント！」のイラストは村山宇希さんにお願いしました。具体的なイメージが湧く、素晴らしいイラストを描いてくださり、本書がいっそうわかりやすくなったと思います。ありがとうございました。

　年末から年始にかけて、私としては珍しく体調を崩しました。インフルエンザから続けて感染性胃腸炎にもなるという散々な健康状態です。そのため体力が低下し、冬休み中は何もやる気が起きず、寝てばかりいました。やはり、体も心も健康が一番だなあと改めて感じました。

　本書が、読者のみなさんの悩みを少しでも解消し、心に元気をあたえる、その一助となれば幸いです。

瀧澤　真

●参考文献
安藤俊介『アンガーマネジメント入門』朝日新聞出版、2016 年
渋谷昌三『面白いほどよくわかる！　他人の心理学』西東社、2012 年
渋谷昌三『心理学者は知っている　リーダーシップのある人、ない人』PHP研究所、2003 年
杉本良明『人間関係にうんざりしたときに読む本』日本実業出版社、2008 年
野口芳宏『教師の心に響く５５の名言』学陽書房、2013 年
D・カーネギー『人を動かす　文庫版』創元社、2016 年
高橋書店編集部編『さすが！と言われる ビジネスマナー 完全版』高橋書店、2010 年
和田秀樹『感情的にならない本』新講社、2013 年
藤井孝一『ビジネススキル大全――２時間で学ぶ「成果を生み出す」全技術』ダイヤモンド社、2016 年
水野俊哉『知っているようで知らない「法則」のトリセツ』徳間書店、2009 年
岩瀬大輔『入社１年目の教科書』ダイヤモンド社、2011 年

著者紹介

瀧澤　真（たきざわ　まこと）

　1967年、埼玉県生まれ。1992年より千葉県公立小学校教諭、台北日本人学校派遣教員等を経て、現在は、袖ケ浦市立蔵波小学校教頭。木更津国語教育研究会代表。日本国語教育学会会員。

　主な共書に、『書く力をつける一文マスターカード 低学年・中学年・高学年』『子どもを動かす国語科授業の技術20＋α』『作文力を鍛える新「作文ワーク」小学6年・中学校』『国語の授業がもっとうまくなる50の技』（以上、明治図書）、『10の力を育てる出版学習』（さくら社）などが、著書に『まわりの先生から「あれっ、授業うまくなったね」と言われる本。』『まわりの先生から「おっ！　クラスまとまったね」と言われる本』『まわりの先生から「すごい！残業しないのに、仕事できるね」と言われる本。』『まわりの先生から「むむっ！授業の腕、プロ級になったね」と言われる本。』（以上、学陽書房）がある。また、「教育技術」（小学館）等雑誌への掲載も多数。

　ご質問や講演依頼は、mmmtakizawa@yahoo.co.jp まで。

職員室がつらくなったら読む本。

2018年3月16日　初版発行

著　　者	瀧澤　真
ブックデザイン	スタジオダンク
イラスト	村山宇希
発 行 者	佐久間重嘉
発 行 所	株式会社 学陽書房
	東京都千代田区飯田橋1-9-3　〒102-0072
	営業部　TEL03-3261-1111　FAX03-5211-3300
	編集部　TEL03-3261-1112　FAX03-5211-3301
	振　替　00170-4-84240
	http://www.gakuyo.co.jp/
印　　刷	加藤文明社
製　　本	東京美術紙工

©Makoto Takizawa 2018, Printed in Japan
ISBN978-4-313-65347-4　C0037

乱丁・落丁本は、送料小社負担にてお取り替えいたします。
定価はカバーに表示してあります。

JCOPY ＜出版者著作権管理機構 委託出版物＞

本書の無断複製は著作権法上での例外を除き禁じられています。複製される場合は、そのつど事前に、出版者著作権管理機構（電話 03-3513-6969、FAX 03-3513-6979、e-mail：info@jcopy.or.jp）の許諾を得てください。

学陽書房の好評既刊！

まわりの先生から「あれっ、授業うまくなったね」と言われる本。

瀧澤　真 著　◎A5判128頁　定価＝本体1700円＋税

5つのレッスンで授業が変わる！「授業がうまくいかない……」「子どもが全然食いついてこない……」という、多くの教師たちの切実な悩みに応えようとする本書。実際に多くの先生に試してもらい、試行錯誤しながら、本当に成果が得られた実践のみを紹介した一冊です！

まわりの先生から「おっ！ クラスまとまったね」と言われる本。

瀧澤　真 著　◎A5判128頁　定価＝本体1700円＋税

「子どもに指示が通らない」「何をやっても盛り上がらない」「クラスがまとまらず、いつもトラブルばかり」……などと学級経営に悩みを抱える若き先生のための本。新任から5～6年目までの学級経営レベルに応じてすぐに始められる実践を紹介！

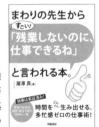

まわりの先生から「すごい！ 残業しないのに、仕事できるね」と言われる本。

瀧澤　真 著　◎A5判128頁　定価＝本体1700円＋税

早く帰れる先生ほど、仕事ができる！　授業の準備、教材研究、通知表の作成術はもちろんのこと、業務レポートや報告書などの事務処理、PCや手帳の活用テクニック、整理整頓の仕方など、多忙感をスッキリ解消し、教師としての仕事の本丸に専心していくためのポイントを多数収録！

まわりの先生から「むむっ！ 授業の腕、プロ級になったね」と言われる本。

瀧澤　真 著　◎A5判128頁　定価＝本体1700円＋税

「授業づくりはなかなか良いと言われるのに、子どもの食いつきがいまひとつなのは、なぜ？」に応える本。発問・指示・説明の使いこなし方をはじめ教科別指導のコツなど、子どもの学習意欲を高め、「主体的・対話的で深い学び」を引き出すワンランク上の授業スキルが学べます！

学陽書房の好評既刊！

野口流 授業の作法

野口芳宏 著　◎A5判132頁　定価＝本体1700円＋税

名人に学ぶ、教師の姿勢。発表のさせ方、説明の仕方……どうしていますか？　授業実践を中心に、教室での基本的な心構えから、準備と宿題、通知表に対する考え方まで。心得ておきたい、教師が児童に対する姿勢。

野口流 教室で教える小学生の作法

野口芳宏 著　◎A5判136頁　定価＝本体1600円＋税

先生が教える子どもの正しいふるまい方。学校は人生学習の場。教室は小さな社会。そこに生き、成長していく上で、子どもたちが身につけておくべき基本的なルールやマナーとその考え方を、教師の指導法とともに。

野口流 教師のための話す作法

野口芳宏 著　◎A5判128頁　定価＝本体1700円＋税

教師の仕事力の核心がここにある！　授業中の話し方の基本から、子どもの心をつかむ聞き方まで、具体的なノウハウと心構えがわかる本！